KB023034

나는 이렇게 합격했어요!

WOW!

즐기면서 **대학**가자, 입학사정관제

즐기면서 대학가자, 입학사정관제

1판 1쇄 인쇄 | 2009년 9월 01일
1판 1쇄 발행 | 2009년 9월 07일

글 | 손영길
펴낸이 | 김영선
기획·편집 | 이교숙, 이인영
디자인 | (주)다빈치하우스- 이리라
펴낸곳 | (주)다빈치하우스- 미디어숲
주소 | 서울시 마포구 합정동 362-5 조현빌딩 2층 (우121-884)
대표전화 | 02-323-7234
팩스 | 02-323-0253
홈페이지 | www.mfbook.co.kr
출판등록번호 | 제 2-2767호

값 14,000원
ISBN 978-89-91907-29-4(43370)


* 미디어숲은 (주)다빈치하우스의 출판브랜드입니다.
* 잘못된 책은 바꾸어 드립니다.

이 도서의 국립중앙도서관 출판시도서목록(CIP)은 e-CIP 홈페이지
(http://www.nl.go.kr/cip.php)에서 이용하실 수 있습니다.(CIP제어번호: CIP2009002449)

글 손영길

# 머리말

## 입학사정관제 전형은 믿을 수 있는 제도일까?

입학사정관제는 가장 확실하고, 누구에게나 정당한 평가의 기회가 주어지는 공정한 제도입니다. 시험성적만으로는 학생들을 올바르게 평가하기 어렵습니다. 학교나 지역마다 내신성적의 수준 차이가 많이 나며, 시험 당일 긴장하거나 아파서 평소 실력을 제대로 발휘하지 못하는 학생들도 있습니다. 특히 연합고사나 수능 등 전국시험일 경우, 수년 동안 꿈과 희망을 갖고 공부한 결과를 단 하루 만에, 제한된 몇 문제만으로 정당하고 공정하게 평가받을 수 있을까요? 없습니다. 제 실력을 발휘하지 못하고 안타까워하는 학생들을 참 많이 봤습니다. 이처럼 학생들이 고생하며 쌓은 실력과 노력의 결과가 수포로 돌아간다면, 그건 분명 잘못된 제도입니다.

반면, 입학사정관제는 자신이 세운 목표와 목표를 이루기 위한 노력과 그 결과물을 충분히 보여 주고, 평가받을 수 있는 제도입니다. 단순히 시험 성적만으로는 볼 수 없는 학생의 가치관, 인성, 적성, 근성, 잠재력까지 두루 평가받을 수 있습니다. 그렇기 때문에 입학사정관제는 그동안 시행되었던 어떠한 입시제도보다 학생과 학교가 안심하고 믿을 수 있는 제도입니다. 따라서 입학사정관제는 앞으로 계속 빠르게 확대 시행될 것입니다.

## 입학사정관제를 어떻게 준비하면 될까요?

'지피지기(知彼知己)면 백전백승(百戰百勝)'이라고 하지요. 남을 알고 자기를 알면 반드시 이긴다는 뜻입니다. '입학사정관제도' 또한 예외가 아닙니다. 학교가 어떤 학생을 원하는지 파악하고, 자신이 가진 개인적인 특성과 잠재력을 이해하여 준비한다면 반드시 원하는 학교에 진학할 수 있습니다.

이 책에서는 입학사정관제란 정확히 어떤 제도이고, 무엇을 중요하게 평가하는지, 개인적인 특성 및 잠재력이 무엇이며, 입학사정관제를 언제, 어떻게 준비해야 하는지 상세히 실었습니다.

부디 이 책이 입시라는 긴 터널을 걸어 나가는 학생들에게 흔들리지 않는 길라잡이와 같은 등대가 되기를 바랍니다.

저자 손영길

# CONTENTS

## 1부 입학사정관제의 이해

## 2부 더 높은 곳을 향해 날개를 힘껏 펼쳐라

# 입학사정관제의 이해

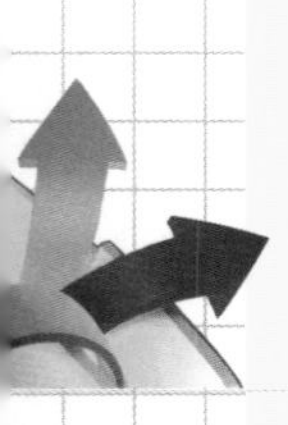

CONTENTS

# CONTENTS

## 2부 더 높은 곳을 향해 날개를 힘껏 펼쳐라

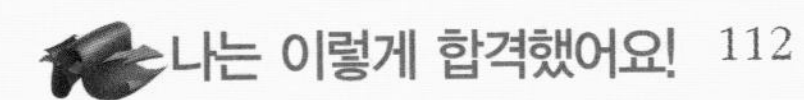

## 자기관리를 도와주는 통조림



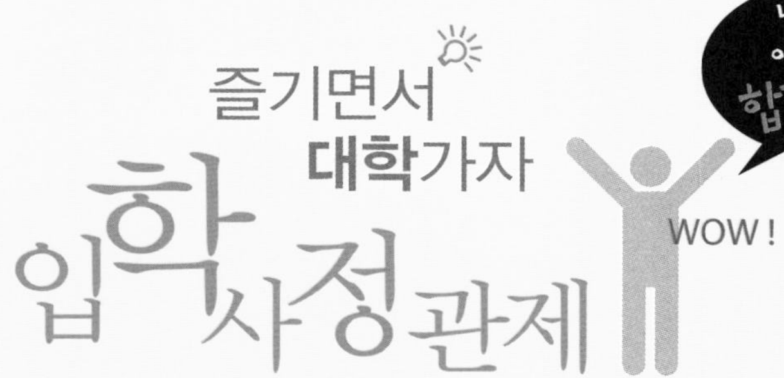

# 입학사정관제의 이해

입학사정관제의 도입 취지 및 전망, 주요 평가요소, 효과적인 준비, 자기계발 및 관리방법 등을 알 수 있다. 또한 학생들이 자신의 인생 밑그림을 확실하게 그릴 수 있도록 구체적인 비전과 활동계획, 실천방법을 제시한다. 그리고 각 대학별 입학사정관 정책과 사례를 통해 '입학사정관제 전형'을 구체적으로 준비할 수 있다.

# 입학사정관제의 이해

1장

# 대학에서는 왜 입학사정관 제도가 필요했을까?

## 모든 대학은 이런 학생들을 원한다

우리는 어떤 사람들과 대화할 때 가장 편안해 할까?

보통 사람들은 상대의 말에 귀를 기울이고 핵심을 정확히 파악하는 사람, 상대가 하는 이야기를 듣고 자기 생각을 조리 있게 말하는 사람을 '말이 통한다' 라고 느낀다. 특히 대화 주제에 관심이 있고, 배경지식이 충분히 있는 사람과 이야기하면 더욱더 신 나고 즐겁기 마련이다.

대학도 마찬가지다. 교수와 학생 사이에 이루어지는 수업도 대화의 한 형태다. 따라서 학생이 수업 전에 전공 분야에 대해 깊은 관심과 충분한 배경지식을 갖추고, 교수의 말에 귀를 기울이고 핵심을 정확히 파악한다면 수업이 아주 재미있고 흥미롭게 진행된다. 또한 이런 학생들은 대체로 강의에 대한 이해력과 집중도가 높고, 교수의 견해에 대한 평가가 분명하며 자기 생각을 정확하고 조리 있게 표현한다. 그래서 대학에서는 각각 전공에 대해 깊은 관심과 충분한 배경 지식을 갖추고, 수업을 받을 준비가 된 학생들을 원한다.

### 대학에서 학생을 선발하는 공통적인 기준

첫째, 전공하려는 학과에 대한 뚜렷한 지원동기와 성취 목표가 있는가? 공부하는 과정에서 아무리 어려운 장애가 있어도 결연하게 극복하고 계속 공부할 수 있는 성실성과 열의가 있는가?

둘째, 교수들이나 다른 학우들과 대화하며 수업할 때 흥미를 갖고 이해할 수 있는 충분한 배경지식과 이해력을 갖고 있는가?

셋째, 교수들과 다른 학우들에게 자기 생각을 정확하게 전달하며, 창의적인 사고력과 논리적이고 올바른 표현력을 갖고 있는가?

## 기존 입시제도의 한계

그동안 우리나라는 끊임없이 입시제도가 바뀌어 왔다. 대학이 정부에게서 완전히 자율화되지 못한 상태에서 정부와 대학의 '인재상'이 달랐기 때문이다. 특히 정부에서는 학교생활에 충실하고, 성적이 뛰어난 학생들을 대학전공 수학(修學)에 적합한 인물이라 꼽았다. 그래서 대입에서 학교 내신성적을 최대한 반영하도록 요구해 왔다. 이는 학생들을 시험 점수로만 평가하는 정량적인 평가로, 학생들 개개인의 특성과 자질 등 잠재력을 평가하는 정성평가 방법은 지금까지 거의 없었다. 그래서 그동안 시행해 온 입시제도를 살펴보고자 한다.

### (1) 내신성적이 포함된 학교생활기록부

정부는 대학들에게 학교생활기록부 성적을 대입에 최대한 반영하라고 강력하게 요구해 왔다. 학교생활기록부, 즉 내신 비중이 높아지면 공교육이 정상화되고, 그러면 자연히 국민들에게 어마어마한 부담이 되는 사교육을 몰아내게 된다는 주장이었다.

그러나 이와 같은 정부의 의지는 현실의 벽에 부딪혔다. 현재 우리나라 고등학교의 질적 수준은 그야말로 천차만별이다. 가장 수준이 높은 학교의 전교 1등 학생과 가장 수준이 낮은 학교의 전교 1등 학생을 똑같은 기준으로 판단할 수는 없다. 또한 학교생활기록부만으로는 학생 개개인의 잠재력을 객관적으로 평가하는 근거가 부족하다. 실제로 고등학교의 학교생활기록부가 엉터리인 사례들이 수차례 발생하기도 했다.

정부는 학교생활기록부의 효용을 높이기 위해 수학능력시험을 더욱 쉽게 출제하고, 점수를 등급제로 하는 등 여러 시도를 했으나 당초 목표를 끝내 이루지 못했다. 공교육을 제대로 활성화시키기는커녕 사교육이 더욱더 횡행하게 되었고, 쉬운 수학능력시험과 등급제 때문에 대학입시에서 변별력마저 떨어졌다. 결국 대학과 학생이 모두 당황스러워하며 정부 정책에 크게 반발했고, 정부 역시 학교생활기록부만으로는 학생들의 진학 동기와 목표, 창의력과 표현력, 대학 전공의 수학능력도 제대로 평가하기에는 역부족이라는 사실을 당시 함량 미달인 입학생들을 통해 인정하게 되었다. 그 뒤로 정부는 수학능력시험을 어렵게 출제하며, 점수발표 방식을 등급제에서 표준점수제로 바꿔서 발표하기로 방침을 변경했다. 하지만 수학능력시험만으로는 학생들 개개인의 잠재력까지 평가할 수는 없었다.

### (2) 수학능력시험

수학능력시험은 말 그대로 학생이 대학 공부를 얼마나 잘 해낼 수 있을지 확인하는 시험이다. 같은 날, 같은 시간에 전국의 학생들이 같은 문제로 시험을 보기에 학교별 시험성적보다 객관적인 변별력을 갖는다. 또한 시험 문제를 어렵게 출제하고 점수를 표준점수로 발표하면 변별력이 훨씬 높아져서 학교생활기록부만으로 선발할 때보다 대학이 원하는 학생을 선발할 수 있다.

그러나 수학능력시험 역시 배경지식, 이해력과 응용력을 평가하는 시험일 뿐이지, 전공학과에 대한 지원동기 및 성취 목표, 창의력과 표현력 등을 확인할 수 없다. 또한 이 배경지식, 이해력과 응용력 등은 어디까지나 고등학교 수준으로 전공 분야의 깊이 있는 이해력과 응용력에 못 미치는 경우가 허다하다. 실제로 수학능력시험에서 높은 점수를 받고 입학했으나 정작 대학 전공교육을 따라가지 못하는 학생들이 많은 까닭도 이 때문이다. 그래서 나온 대안이 바로 논술시험이다.

### (3) 논술시험

대학은 교과별 논술이라는 자체 논술시험을 통해 수학능력시험과 학교생활기록부의 한계를 극복하고자 했다. 그러자 정부가 반대하고 나섰다. 대학의 논술시험이 자칫 사교육을 부추기는 본고사 형태가 될지도 모른다는 우려에서다.

그러나 논술시험은 그동안의 어떤 시험보다 창의력과 표현력을 갖춘 학생, 즉 교수와 대화가 되고 대학에서 교육을 받을 준비가 된 학생을 찾기 쉬운 방식이었다. 제시문을 읽고, 핵심을 파악하고, 찬반에 대한 자기 생각과 해결책을 주장하는 글을 쓰는 과정에서 교수들은 학생들의 이해력과 비판력, 창의력과 표현력을 확인할 수 있었기 때문이다. 그래서 대학은 여러 형태로 논술 문제를 개발하며 자체 논술시험을 발전시켰다.

하지만 논술시험으로도 판단할 수 없는 부분이 여전히 남아 있었다. 학생들이 각자 전공하고자 하는 학문에 대한 강한 지원동기와 성취목표, 열정은 수학능력시험이나 논술시험으로는 도저히 가늠할 수 없었다. 학생부와 입학생 면접이라는 보조적인 수단을 동원한다고 해도 평가 근거가 많이 모자랐다.

그리하여 등장한 혁신적인 선발방식이 바로 선진국의 명문대학에서 시행하는 '입학사정관제' 다.

## 03 혁신적인 선발제도의 필요성에서 나온 입학사정관 제도

옛날에 푸셔와 풀러라는 장사꾼이 살았다. 두 사람은 장사하는 방법이 정 반대였다. 푸셔는 자기가 보기에 잘 팔릴 만한 물건을 잔뜩 쌓아 놓고 팔았다. 하지만 사람들 대부분 푸셔가 파는 물건을 잘 몰랐고, 푸셔는 물건을 팔기 위해 늘 목이 터져라 설명해야 했다.

풀러는 푸셔와 달랐다. 먼저 사람들이 가지고 싶어 하고, 값이 비싸고, 많이 팔리는 물건이 무엇인지 꼼꼼하게 조사했다. 그리고 그런 물건을 준비해 자신의 가게에 사람들이 원하는 양보다 적게 진열했다. 풀러는 사람들에게 물량이 많지 않으니 물건을 사고 싶으면, 서둘러야 한다는 말도 빼놓지 않았다.

자! 이 두 사람 가운데 누가 더 물건을 잘 팔았을까? 두말할 필요 없이 풀러다. 그렇다면 지금까지 대학입시에서 수험생들과 대학은 누구처럼 행동했을까?

대학은 일단 학교 내신성적이 좋으면, 대학에서 어떤 전공을 하든 잘하리라 생각했다. 그래서 내신성적 100% 반영이니, 수능 우선선발이니 하며 학교성적만 높은 학생을 앞다투어 뽑았다. 지원하려는 전공을 이수하기에 적합한 학생인지, 학생마다 특성과 자질을 살펴보고 학생을 선발하려는 노력을 거의 하지 않았다.

수험생들도 자기가 가진 개인적인 특성과 자질을 고려하지 않고, 무턱대고 인기 대학의 인기학과에 입학하기를 원했다. 좋은 대학만 가면 쉽게 성공할 거라고 안일하게 생각하기도 했다. 하지만 인생의 성공을 돈벌이에만 국한할 수는 없다.

학교성적만 가지고, 앞으로 돈벌이에 좋은 대학과 학과를 골라 지원한 학생들은 금방 전공에 대한 흥미를 잃고, 나아가 대학 생활 자체를 무척 힘들어 하기 십상이다.

그렇기에 지금까지 '푸셔' 처럼 행동한 대학이 이제는 '풀러' 처럼 바뀌고 있다. 대학은 학생이 스스로 지원한 학과에 흥미를 느끼고 열정적으로 공부하는 적성과 뚜렷한 목표와 목표를 이루려는 열망을 갖추었는지, 타고난 재능이나 경험으로 쌓아온 자질 등 학생들이 어떤 잠재력을 가졌는지, 꼼꼼히 살펴 앞으로 성장 가능성이 높은 학생들을 우선 선발하는 제도를 택했다. 이 제도가 바로 입학사정관제다.

### 학과별 모집을 추진하는 서울대

서울대학교는 2011학년도 신입생 선발부터 학과별로 모집할 계획이라고 한다. 입학사정관제를 더욱 확대하여 신입생을 선발하는 데 실질적으로 적용하겠다는 의도로 보인다.

그동안 서울대학교는 계열별 · 학부별로 학생들을 모집했다. 이러한 모집방식은 전공별 특성에 맞춰 학생들을 선발하기 어려운 매우 비합리적인 구조였다.

한국 최고 대학이라 꼽히는 서울대학교가 어째서 이처럼 비합리적인 구조로 학생들을 모집했을까? 바로 고등교육법시행령 때문이다. 고등교육법시행령에 따르면, 대학은 학생을 모집할 때 학과별로 모집하면 안 되고 반드시 여러 과를 한꺼번에 묶어서 모집하거나 학부별로 모집하도록 의무화했다. 그러다 올해 1월 고등교육법시행령이 개정되면서 이 규정이 폐지되었다.

지금까지 학부별 · 계열별로 신입생을 모집했던 서울대학교의 주요 단과대학들은 고등교육법시행령 개정에 따라 일제히 학과별 모집을 추진하고 있다. 이로써 서울대학교는 앞으로 전공별 특성에 맞춰 전공 분야에 열의가 있고, 잠재력을 가진 학생들을 대거 선발하리라고 기대된다.

## 04 수시전형과 입학사정관제의 차이점

수시전형은 입학사정관제의 씨앗이자 입학사정관제로 가는 나침반이라 해도 과언이 아니다. 앞에서 여러 번 언급했듯 그동안 대학들은 목표 의식이 확실하고 잠재력을 가진 학생들을 선발하기 위해 노력해 왔다. 그 결과가 바로 수시전형이다.

수시전형에는 여러 이름이 있다. 특기자전형, 지역균형선발, 글로벌전형부터, 이름만 들어서는 이해하기 힘든 다빈치전형, 챌린저전형, 알바트로스 글로벌전형, 영프론티어전형까지 다양하다. 이 수시전형은 2004년부터 예고하여 2009학년부터 실시하기로 한 입학사정관제의 선행 단계라 볼 수 있다.

### (1) 수시전형

입학사정관제와 달리 입학사정관이 따로 전형 과정에 참여하지 않는다. 그 대신 일정 기간 동안 고등학교 과정 위주로 학생들을 평가하고 선발한다. 따라서 여전히 정성평가보다 내신 등 정량평가가 많은 비중을 차지하며 일반적인 논술을 비중 있게 다루는 대학들이 많다.

### (2) 입학사정관제

입학사정관이 전형 과정에 전적으로 참여하거나 일부 참여하며 수시전형보다 긴 기간에 걸쳐 학생들을 평가하고 선발한다. 철저히 정성평가 위주로 사정하고, 서류를 대조하는 실질적인 면접이 중요하게 이루어진다. 특히 자기소개서나 학습계획서 등이 주요한 자료가 되며 고등학교 과정보다 더 오랜 성장과정이 사정 대상이 된다. 입학사정관제에 대비하려면, 어릴 때부터 잠재력을 발견하여 계발해야 한다.

## 오해하지 말자!

입학사정관제는 공부하지 않고 놀기만 하려는 학생을 뽑으려는 제도가 아니다. 공부를 하는 뚜렷한 목표가 있고, 목표를 이루기 위해 고난과 시련을 꿋꿋이 이겨 내며, 끝까지 포기하지 않고 열심히 공부하는 사람을 뽑으려는 제도다.

미국에서는 'Khadijah Williams'라는 노숙자 소녀가 미국 최고 명문대학교인 하버드대학교에 들어가 화제가 되었다. 그녀는 뚜렷한 목표와 강한 의지로 역경을 이기고 당당히 하버드대학교에 입학했다. 다음은 그녀가 쓴 자기소개서의 일부다.

"I have felt the anger at having to catch up in school... being bullied because they knew I was poor, different, and read too much,"

"I knew that if I wanted to become a smart, successful scholar, I should talk to other smart people."

그녀의 목표는 단순하고 명쾌하다. 자신이 가난하고, 남들과 모습이 다르고, 책을 많이 읽는다고 괴롭힘을 당하기 때문에 분노했고, 격렬히 항변했다고 한다. 하지만 학자로 성공하려면 다른 성공한 사람들과 대화를 해야 하며, 그러기 위해 하버드대학교에 들어가고 싶다고 말했다.

또한 자신이 하버드대학교에 들어갈 만한 자격을 충분히 갖추었다고 주장하며 그 근거를 제시했다. 실제로 그녀는 마약상이 들끓는 거리에서 쓰레기 더미 속에 살면서도 새벽 4시에 일어나 등교하고, 오후 11시에 거리로 돌아오는 생활을 하면서도 항상 영재 프로그램에 참여할 정도로 공부를 게을리하지 않았다고 한다.

우리나라에서는 대전과학고 2학년 박철우 군이 세계적으로 유명한 학술지 《Materals Characterization》 5월호에 《전통방짜유기 기술에 포정(包晶) 조성이 가지는 의미》라는 논문을 게재하여 주목을 받았다. 고교생이 SCI에 논문을 게재하는 일은 세계에서도 극히 유례를 찾기 힘든 일이다.

박철우 군은 논문을 쓰기 위해 지난 1년여 동안 금속 및 전자현미경 관찰 등을 통해 우리나라 전통방짜유기 제작 기술에 관련된 실험연구를 했다. 그리하여 마침내 방짜유기에 들어가는 주석함량이 갖는 기술적 의미를 밝혀내 세계적으로 그 학술적 가치를 인정받기에 이르렀다. (출처: 대전 연합뉴스)

현재 많은 대학이 'Khadijah Williams'나 박철우 군처럼 성취 목표가 뚜렷하고, 잠재력이 무궁무진한 학생들을 선발하려 한다. 그래서 도입된 제도가 바로 입학사정관제다.

2장

# 입학사정관제 전형을 위한 일반적인 준비

2장

이제 대학은 예전처럼 무모하게 학생부터 선발하지 않는다. 각 대학과 전공의 특성에 맞는 학생을 철저히 확인하여 선발하는 방식을 취한다. 바로 입학사정관제다. 따라서 앞으로 학생들은 자신이 원하는 대학에 진학하려면, 대학이 확신을 갖고 시행하려는 입학사정관제를 철저히 이해하고 대비해야 한다.

## 01 스스로 잠재력 찾아내기

입학사정관제로 학생을 선발하려는 대학은 가장 먼저 지원한 학생의 성장가능성, 즉 잠재력을 중요하게 평가한다. 따라서 입학사정관제의 등락은 학생들이 자기 잠재력을 얼마나 보여 주는지에 달렸다.

잠재력이란 교과 공부처럼 무작정 익히고 배울 수 없다. 단순한 적성검사처럼 여러 문항으로 섣불리 규정할 수도 없다. 그렇다면 자기 잠재력을 어떻게 찾아 발전시켜야 할까?

자동차가 성능이 어떤지 제대로 알려면 최대한 힘껏 달려 보아야 한다. 사람도 마찬가지다. 자기 잠재력을 정확히 파악하려면 스스로 여러 경험을 해야 한다. 스스로의 경험을 통해 찾고 확인한 잠재력만이 어떠한 어려움에도 흔들리지 않고 크게 키워 나갈 수 있다.

자, 그럼 잠재력을 효과적으로 찾으려면 어떤 경험을 해야 할지 살펴보고, 그 경험들을 통해 자신의 잠재력을 어떻게 찾을지 알아보자.

### (1) 체험을 통한 자기 발견

**해외펜팔**

요즘은 인터넷이 발달해 해외무료펜팔 사이트 등을 이용해 외국 친구들을 손쉽게 사귈 수 있다. 외국 친구들과 이메일을 주고받으면 외국어 실력이 늘 뿐만 아니라, 세계 여러 문화를 배우고, 정서를 이해하는 계기가 된다. 또한 우리 문화를 소개하며 잘 몰랐던 우리 문화를 돌아보며 공부할 수도 있다. 무엇보다 일찍부터 다양한 가치관을 접하며 유연한 포용력과 입체적인 사고력을 키울 수 있다.

**홈스테이**

인터넷을 보면 외국인들의 홈스테이를 소개하는 무료 사이트들이 있다. 여기에 홈스테이 신청을 하면, 홈스테이를 희망하는 외국인들의 숙박을 돕고 가이드를 해 줄 수 있

권장할 만한 홈스테이 소개주소 :
http://www.yesuhak.com/
http://www.homestaykorea.com/

다. 이때 적지 않은 숙박비 혹은 가이드 수수료를 받을 뿐만 아니라, 외국인을 직접 상대하며 외국어 공부를 할 수 있으니 일석이조다. 더 나아가 능동적으로 외국인들을 안내하기 위해 미리 조사하고, 외국어로 설명할 준비를 하면 보다 즐거운 경험을 쌓을 수 있다.

미국 명문대에서는 악기 연주 능력을 주요 입학 요건으로 참조한다. 따라서 미국의 명문대 출신치고 악기 하나쯤 능숙하게 연주하지 못하는 사람이 없다. 실제로 클린턴 전 미국 대통령은 멋지게 색소폰을 연주하기도 했다.

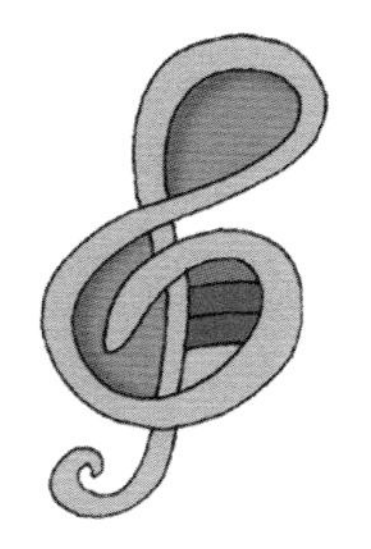

### 운동실력

'아이비리그' 라고 불리는 미국 명문 사립대에서는 악기 연주뿐만 아니라 운동실력도 입학 요건으로 삼는다. 앞으로 국내 대학에서도 뛰어난 악기연주와 운동실력을 입학사정관제에서 긍정적인 요인으로 참조할 것이다.

### 봉사활동

봉사활동을 하면 남을 돕는다는 생각에 가슴 뿌듯한 보람을 느낀다. 하지만 무엇보다 큰 수확은 진정한 자신을 발견하는 중요한 계기가 된다는 점이다. 고아원이나 보육원, 장애우 복지원에 봉사활동을 가보라. 현재 나와 사랑하는 가족을 되돌아보고, 사회구성원으로 의무와 책임을 깨닫는, 아주 특별한 경험을 할 수 있다.

여행은 자신감을 키우고, 도전의식을 높이는 기회가 된다. 실제로 필자의 아들도 초등학교 4학년 때

말레이시아로 가족여행을 다녀온 뒤로, 자신감을 갖게 되었다. 6학년 때는 혼자 말레이시아로 여행을 다녀왔으며 스스로 친구들을 가이드해서 훌쩍 여행을 다녀오기도 했다.

이밖에도 각자 상황에 따라 수많은 경험을 할 수 있다. 많은 경험 속에서 여러 가지를 보고 듣고 느끼면서 무엇이 가치 있고, 소중한지 스스로 깨닫게 된다. 또한 내가 무엇을 좋아하며 어떤 일을 재미있게 잘할 수 있을지 고민하며 찾는다. 이러한 과정을 통해 자신의 타고난 자질을 발견할 수 있다.

## 존 고다드 이야기

존 고다드는 미국 로스엔젤레스에 사는 소년이다. 어느 비 내리는 오후, 존은 자기 집 식탁에 앉아 골똘히 생각에 잠겼다. 그러다 갑자기 노란색 종이를 한 장 가져와 맨 위에 '내 인생 목표'라고 썼다. 제목 아래에는 127가지 인생 목표를 적었다. 때는 1944년, 존의 나이 17세 때였다.

이후, 존은 현재까지 127가지 가운데 108가지 목표를 이루었다. 108가지 목표는 결코 쉽거나 간단하지 않았다. 세계 주요 고산지대 등반과 큰 강 탐사, 1마일을 5분에 주파하기, 셰익스피어 전집과 브리태니커 백과사전 독파 등이 포함되어 있었다.

지금 존은 아직 남은 19가지 목표를 하나씩 이루기 위해 노력하고 있다. 존이 이런 결심을 한 계기는 15세 때 할머니와 숙모의 대화를 듣고서였다. 당시 할머니와 숙모가 나누던 얘기 중에 "이것을 내가 젊었을 때 했더라면…."라는 이야기를 듣고, 존은 자신도 '~했더라면' 하고 후회하지 않기 위해 자신의 삶에서 이루고 싶은 목표가 무엇인지 결정했다고 한다.

〈존 고다드의 127가지 인생 실천계획, 별첨 1 참조〉

### (2) 독서를 통한 자기 발견

독서는 단기간에 경험을 극대화할 수 있는 수단이다. 과거는 물론이고 미래까지 경험하며, 남극에서 북극까지 지구촌 어디라도 접할 수 있다. 예로부터 인류가 차근차근 쌓아온 지식을 한 번에 얻는 동시에 수많은 사람의 다양한 삶을 통해 혼자 경험할 수 없을 만큼 어마어마한 경험을 쌓을 수 있다.

또한 독서를 통한 간접 경험은 풍부한 감성과 체계적인 사고력을 키워, 현재 자신을 돌아보고 앞으로 자신을 설계하는 데 큰 도움이 된다.

## 02 잠재력을 키우는 방법과 선발 전형을 위한 대비

### (1) 취미를 찾아 즐기면서 잠재력을 키워라

여러 경험을 통해 우리는 숨겨진 잠재력과 자신만의 특별한 지적 욕구, 즉 타고난 자질을 발견하게 된다. 이를 바탕으로 적성과 인생의 목표를 탐색하며, 진로를 정할 수 있다. 특히 대입에서는 대학에 개설된 전공 학문과 자신의 취미 및 특기의 연결고리를 찾는데, 이것이 바로 입학사정관제로 대학에 진학하는 가장 바람직하고 정확한 과정이다. 그렇다면 입학사정관제에 대비해 취미와 특기를 어떻게 발전시켜야 할까?

#### 일기를 꾸준히 쓰자!

현재 자신을 점검하고, 자칫 나태해지려는 마음을 바로잡는 데 일기만큼 좋은 수단이 없다. 일기를 쓰면 목표를 더욱더 뚜렷하고, 일관되게 유지하며 계획을 세우고 점검할 때 귀중한 자료가 된다. 특히 짜임새 있게 꾸준히 쓴 일기는 입학사정관들이 가장 선호하는 평가자료 가운데 하나다.

### 취미 및 특기와 관련된 공인 인증을 찾아서 준비하자!

취미 및 특기에 열중하면 전문가 못지않은 능력을 자연스레 갖추게 된다. 이때 관련된 인증 자격증이나 등급을 따 두면 입학사정관제에 매우 유리하다. 또한 시험을 준비하는 과정에서 전문적인 능력이 비약적으로 발전할 수 있다.

특히 AP는 모든 분야에서 딸 수 있으므로 AP과목을 잘 살펴 자신과 관련된 과목의 점수를 따 두자. AP란 고등학교 때 미국 대학 학점을 무료로 따는 제도다. 실제로 고려대학교 등은 외국어 인증시험과 선택으로 AP(Advanced Placement)점수를 평가요소로 보는 전형이 있다.

"부지런한 사람은 즐기는 사람을 이길 수 없다."는 말이 있다. 재미있게 즐기면서 전문 공부를 한다면, 아무리 어려운 시험도 재미있게 치를 뿐더러 좋은 결과를 얻을 수 있을 것이다.

〈AP시험을 볼 수 있는 기관 소개, 별첨 2 참조〉

### 책을 읽으면 반드시 요점을 정리해 두자!

책을 읽을 때, 아무런 계획 없이 무턱대고 읽기보다 미리 주간, 월간, 연간 독서 계획을 세워 읽는 편이 좋다. 단순히 기간 내 읽는 권수만 정하기보다 분야별로 나누어 독서 계획을 세우면 보다 짜임새 있고, 폭넓은 독서를 할 수 있다.

특히 책을 읽고 난 뒤에는 꼭 책을 읽은 동기와 핵심 내용, 읽고 느낀 점을 요약해 두자. 시간이 많이 지나도 독서 결과를 잊지 않고 고스란히 남길 수 있게 된다.

서울대학교 특기자전형에서는 원서를 제출할 때 "자신이 읽었던 책 가운데 가장 인상 깊었던 책 3권을 선택하고, 그 책을 선택한 이유를 기술하여 주십시오.(띄어쓰기 포함하여 각 도서별로 500자 이내.)"라고 요구한다.

이때 앞서 말했듯 독서 결과를 요약해서 정리해 둔 학생들은 손쉽게 내용을 채우겠지만, 그렇지 못한 학생들은 다소 애를 먹을 수 있다.

### (2) 면접과 구술시험은 걱정할 필요가 없다

모 일간지에서 입학사정관제 면접에 대비해서 말하기 연습을 하라고 했다. 이는 불필요한 일이다. 거의 배우지 못한 시골 할머니들도 살아온 여정을 실감나게 이야기한다. 군대 갔다 온 남자들은 군대 이야기만 나오면 모두 재미난 이야기꾼이 된다. 외국 여행을 다녀온 사람이 사진을 보여 주며 실제로 겪은 일을 이야기하면 아무리 말주변이 없어도 귀가 솔깃하기 마련이다.

입학사정관제에서 면접은 자기 스스로 갈고 닦은 전공 분야에 대한 질문이 주가 된다. 따라서 전공 분야에 대한 소양을 꾸준히 발전시켜 온 학생이라면 전혀 걱정할 필요가 없다.

### (3) 기본적인 학습능력을 소홀히 하면 안 된다

대학에서 전공 분야를 공부하려면 전공 분야에 대한 소양과 더불어 가장 기본적인 학습능력이 꼭 필요하다. 가령 시장에서 물건을 팔던 사람이 경영학과에서 공부하거나 공장에서 기계 부속품을 만들던 사람이 기계학과에서 공부한다고 하자. 전공 분야에 대한 지식과 기술이 있지만, 기본적인 학습능력이 없다면 대학 전문 공부를 계속 할 수 없다. 대학은 학문을 심도 있게 연구하는 곳이지, 기술자를 양성하는 곳이 아니기 때문이다.

입학사정관제 역시 마찬가지다. 공부를 못하는 학생을 뽑으려는 제도가 아니라 즐기듯 열심히 공부하는 학생을 뽑으려는 제도다. 단지 입학사정관제는 맹목적으로 공부한 학생보다 뚜렷한 목표를 갖고 공부한 학생들을 더욱 높게 평가한다.

실제로 대부분의 대학에서는 입학사정관제 관련 제출 서류에 내신성적이 포함된 학교생활기록부를 요구한다. 연세대학교에서는 1단계에서 내신성적만으로 두 배수를 뽑고, 2단계에서 입학사정관들이 내신성적을 무시하고 비교과의 잠재력만으로 최종선발을 한다. 그러니 그날그날 성실히 예습과 복습을 하고, 내신성적을 어느 정도 유지한 학생이라면 따로 사교육을 받지 않아도 입학사정관제에 필요한 기본 점수를 충분히 받을 수 있다.

# 3장
# 대학들의 일반적인 학생 선발방법 엿보기

## 학생의 잠재력을 각 대학이 확인하는 관점

### (1) 거시적인 관점

모든 대학이 학생에게 바라는 자질은 전공 분야에서 크게 성장할 수 있는 가능성과 훗날 사회에 공헌할 수 있는 잠재력이다. 흙속에서 캐낸 다이아몬드는 누가 봐도 다이아몬드이듯 가능성과 잠재력을 갖춘 학생은 누가 봐도 보석과도 같은 존재다. 대학이 입학사정관제를 통해 발굴하려는 학생 역시 이처럼 가능성과 잠재력을 갖춘 미래의 인재다.

그러나 아무나 흙속에 묻힌 다이아몬드는 아니다. 수험생 스스로 흙속에 묻힌 다이아몬드가 되기 위해 부단히 노력해야 한다. 노력하지 않는다면 다이아몬드가 아니라 평범한 돌멩이일 뿐이다. 장기적인 관점에서 자신의 정체성을 찾아 확실히 준비해 두자. 그러면 대학들이 흙속에 묻힌 다이아몬드를 캐내러 올 것이다.

### (2) 미시적인 관점

대학은 각 대학마다 정해 놓은 기준에 따라 학생들을 선발한다. 따라서 지원하고 싶은 대학이 있다면, 그 대학이 정해 놓은 선발방식에 맞추어 준비해야 한다. 예를 들어, 골프 실력이 뛰어난 학생이 골프 경영을 전공하고 싶다면 선발방식에서 골프 성적을 전혀 보지 않는 대학보다 골프 경영을 연구할 수 있는 기반을 갖추고, 골프 실력을 우선으로 평가하는 대학에 지원해야 유리하다. 다시 말해, 대학에 지원할 때는 수험생이 자신의 특성과 대학의 특성을 비교하고 자신에게 가장 유리한 방식으로 선발하는 대학을 골라야 현명하다.

## 대학들의 일반적인 평가요소

대학들은 일반적으로 모든 학생에게 요구하는 학교생활기록부, 자기소개서와 학업계획서, 추천서 등 서류와 학생들이 각자 자신의 자질을 증명하기 위해 제출한 서류를 종합적으로 검토하여 수험생을 평가한다. 그리고 대부분 학생을 서류로 먼저 평가하고, 직접 학생과 면접하여 서류의 신빙성을 확인한 다음 최종 합격 여부를 결정한다.

### (1) 학교생활기록부

학교생활기록부만으로 활용하거나 다른 서류와 함께 검토한다. 이때 내신성적도 중요하지만 비교과 영역의 봉사활동이나 각종 수상 실적도 중요하게 평가한다. 내신성적은 3학년 1학기까지 보고, 출석과 결석 기록도 주의 깊게 검토한다. 비교과 영역의 봉사활동이나 각종 수상 실적은 양보다 전공과 관련된 질적 수준이 중요하다.

## (2) 서류

대학에서는 학교생활기록부에 기록된 근거 서류와 기록되지 않았지만 학생 스스로 자신에게 유리하다고 생각하여 준비한 서류를 함께 검토한다. 이때 서류들은 양보다 질이 중요하다. 전공과 관련이 있어야 하고, 실적을 내기까지 과정이 잘 드러나야 한다.

예를 들어, 전공과 관련하여 수상한 인증서나 상장이 있다면 시험계획과 준비 과정을 바인더 형식인 일기로 잘 정리하면 평가에 절대적으로 유리하다.

자기소개서는 대학에 따라 여러 형식으로 요구한다. 그러나 어떤 형식이든 자기소개서에는 본인의 성장 과정과 가정환경, 성장 과정에서 장점을 키우고, 단점을 보완해 온 구체적인 노력 지원한 전공 모집단위와의 관련성, 지원동기와 준비방법, 과정이 들어 있어야 한다.

학업계획서에는 입학한 다음 공부할 구체적인 계획과 졸업한 다음 진로에 대한 뚜렷한 목표가 기술되어야 한다. 대학에 제출하는 서류는 쓸데없는 미사여구를 남발하면 안 되고, 진솔하고 일관되게 작성해야 한다.

## (3) 면접

제출 서류의 신빙성을 확인하려면 학생과의 면접이 반드시 필요하다. 따라서 대부분 대학에서 서류를 검토한 다음 면접을 실시한다. 특히 입학사정관제에서 면접하는 목적은 수험생이 제출한 자기소개서 내용과 선생님이 보낸 추천서 내용을 비교하여 자기소개서 내용을 믿을 수 있는지 확인한 다음, 학생이 제출한 서류들이 사실인지 본인에게 직접 확인하는 데 있다. 그러므로 대학은 면접에서 수험생이 전공 모집단위와 관련된 지식이 어느 정도인지, 개인적인 특성이 어떤지, 대인 관계가 원만한지, 기본적인 수학 능력을 갖추었는지 등을 직접 확인하여 평가한다. 이러한 과정을 거치면서 대학은 자기소개서 내용을 실질적으로 확인하게 된다.

면접방법은 수험생과 입학사정관이 마주 앉아 대화하는 개별 면접, 여러 입학사정관들 앞에서 수험생이 발표하는 개인 발표 면접, 여러 수험생이 토론 등 집단으로 면접하는 집단 면접방식이 있다. 면접 시간은 5분쯤 되는 짧은 면접부터 1박 2일 합숙 면접까지 대학마다 다양하다.

면접 때는, 너무 과장해서 떠벌려서도 안 되고 위축되어 할 말조차 못해서도 안 된다. 자기 경험을 진솔하고 일관되게 답변하고, 뚜렷한 목표와 열의를 보여 줘야 한다.

## 면접준비

①일반적인 준비사항

- 충분한 수면을 취한다.
- 얼굴을 생기 있게 한다. 첫 인상은 면접에 있어서 아주 중요하다. 면접관들이 가장 좋아하는 인상은 얼굴에 생기가 있고 눈동자가 살아있는 사람이다.
- 단정하고 깔끔한 옷을 입는다.
- 면접시간보다 조금 일찍 도착해서 마음을 가다듬고 주의사항이나 순서를 잘 들어 둔다.

②구체적인 준비사항

- 수험생 자신이 제출했던 자기소개서 사본을 준비해서 꼼꼼히 읽어 둔다.
- 자기소개서를 쓰는데 근거가 되었던 모집단위 활동목록과 활동내용을 요약해서 읽어 둔다.
- 모집단위와 관련해서 읽은 책들의 도서감상록을 다시 한 번 읽어 둔다.
- 모집단위와 관련된 신문 등을 스크랩한 자료들을 다시 한 번 읽어 둔다.
- 모집단위에서 배우는 과목들의 성격을 이해해 둔다. 예를 들어 경영학과를 지원하는 수험생일 경우에는 조직론, 인사관리, 생산관리, 회계학, 재무관리, 마케팅, 경제학, 상법, 세무회계 등을 말한다.

- 대학에서 학습계획서를 원하지 않았어도 대학에 입학한 후의 학습계획과 장기적인 진로계획을 마인드맵으로 그려서 익혀 둔다.
- 지원한 대학교의 전체적인 연혁과 지원한 모집단위 과의 연혁을 알아 둔다.
- 지원한 대학교의 건학이념을 알아 두는 것은 중요하다.
- 지원한 대학교가 사회적으로 큰 영향을 준 사건이 있으면 알아 두고 자기의 생각을 정리해 두어야 한다. 특히 지원한 모집단위 과에서 연구실적 등으로 기사화된 것이 있으면 반드시 머릿속에 정리해 놓아야 한다.
- 지원한 모집단위 과의 교수님들의 프로필을 확인해서 각 교수님들의 주요 연구 분야를 확인하고 생각해 둔다면 좋은 정보가 될 것이다.
- 기타 본인이 중요하다고 생각되는 것을 적어 보고 정리해 둔다.

## 면접 볼 때 주의사항

- 입실할 때 : 본인 차례가 되어 이름을 부르면 '예' 하고 또렷이 대답하고 들어간다. 문이 닫혀 있을 때에는 상대에게 소리가 들릴 수 있도록 노크를 두 번 한다. 대답을 듣고 나서 들어간다. 문은 조용히 열고 닫으며 공손한 자세로 인사한 후 이름(번호)을 또렷이 말하고 면접관의 지시에 따라 의자에 앉는다.
- 의자에 앉을 때 : 의자 끝에 걸터앉지 말고 깊숙이 들여 앉는다. 양손은 무릎 위에 가지런히 얹는다.
- 발랄하고 자신감 있는 태도 유지 : 처음부터 끝까지 침착하면서도 밝은 표정으로 예의를 지킨다. 때로는 부담스러운 질문을 받더라도 우물거리지 말고 모르는 것은 솔직히 인정하고 아는 것은 아는 만큼 대답하면서 자신감을 보인다.
- 과장과 거짓은 피한다. : 질문에 대하여 과장하여 말하거나 거짓말은 하지 말아야 한다. 불필요한 얘기를 하거나 수다를 떠는 것도 피해야 한다. 늘어지는 설명보다는 먼저 결론을 말하고 나중에 부수적 설명을 덧붙이는 형태로 대화를 끌고 나가야 한다.
- 자신의 의견을 말해야 한다. : 자신의 의견이 아닌 다른 곳에서 '남의 것'을 빌려 온 말을 하는 것은 절대적으로 피해야 한다. 평소 자기만의 다이어리 등으로 자기관리를 해 오고 앞서 설명한 면접요령처럼 면접을 앞두고 준비했다면 문제가 없

을 것이다.

- 퇴실할 때 : 면접이 끝나고 일어설 때는 조용히 일어나 '감사합니다'라고 인사를 한다. 당당한 자세로 문 앞까지 가서 다시 목례를 하고, 조용히 문을 닫고 나간다. 면접관은 지원자가 일어서 나가기까지의 일거수일투족을 관찰하고 있음을 잊지 말아야 한다.

〈참조:JA Korea 개인경제 워크북 〉

## 입학사정관으로 뽑는 절차와 유형

미국에서는 입학사정관이 학생 선발에 절대적인 권한을 갖는다. 그러나 우리나라는 대학마다 유형이 다르다. 입학사정관들에게 절대적인 권한을 맡기는 경우도 있고, 전임입학사정관들과 해당 전공 모집단위 학과 교수들이 함께 학생 선발에 참여하는 경우도 있다.

그리고 연세대학교처럼 일부는 입학사정관들이 절대적인 권한을 가지고, 일부는 입학사정관들과 교수들이 함께 학생을 선발하는 방식을 병행하기도 한다. 입학사정관과 교수가 함께 학생을 선발하는 경우에는, 전임입학사정관들이 충분히 자료를 검토하고 학생들을 조사한 다음 학생에 대한 종합적인 심사 보고서를 학생 선발 전형 위원회에 제출한다. 교수들로 구성된 학생 선발 전형 위원회에서 심사 보고서를 보고 최종적으로 학생을 선발한다.

따라서 학생들은 객관적인 증빙 자료를 충분히 제출하도록 잘 정리해서 준비해 두어야 한다. 객관적 증빙 자료를 모으고 정리하는 법은 이 책 5장을 참고하면 된다.

# 4장
# 입학사정관제 전형을 위한 구체적인 준비

## 입학사정관제 전형에 대비한 자기관리 계획과 실천

### 목표관리

1) 장기 진로계획

① 공부를 왜 해야 할까?

공부란 통찰력을 기르는 훈련이다. 단순히 눈앞에 놓인 대상과 현상을 넘어, 미래를 내다보며 세상을 현명하게 살기 위해 우리는 공부해야 한다.

특히 특정 분야에 관심을 가지고, 오랫동안 공부하면 통찰력뿐만 아니라 그 분야에 전문 지식을 쌓게 되고, 인생의 목표와 진로 방향을 구체적으로 설정하며 삶을 더욱더 보람차게 살 수 있는 발판을 다질 수 있다.

②전공 찾기

그렇다면 학생 개개인의 특성에 딱 맞아떨어지는 전공을 어떻게 찾을까?

### 검사지로 자기 특성 알아보기

학생들이 자기 적성을 확인하는 방법으로 적성 검사나 프로그램 등이 많이 있다. 하지만 이런 것들은 어디까지나 보조적인 수단이지 절대적인 판단의 기준이 아니다. 따라서 검사 결과를 전적으로 신뢰하기보다 참조사항으로 보고, 다른 경험들과 함께 종합적으로 판단해야 한다.

## 나의 적성?
## 나와 어울릴 것 같은 직업!

나의 적성과 나와 어울릴 것 같은 직업을 찾아서 내가 대학에서 무엇을 전공으로 공부하면 좋을지 알아봅시다. 1단계부터 3단계까지 지시에 따라서 문제를 풀어 보면 자기의 적성을 대략 알 수 있습니다.

### 1 단계

1군부터 6군까지 6개의 표가 있습니다. 각 군에 있는 항목 중에서 자신에게 가장 어울린다고 생각되는 것을 한 군에서 한 개씩만 골라보세요.

**1군** ·····[ ]

A 축구처럼 여럿이 한 팀이 되어 운동하는 것을 좋아한다.

B 퍼즐이나 낱말 맞추기 게임을 좋아한다.

C 다른 사람에게 조언을 하는 것을 좋아한다.

D　전화로 대화하는 것을 좋아한다.

E　공책에 낙서하기를 좋아한다.

F　나는 호기심이 많다.

**2군** ……[　　　]

A　실내보다는 실외 활동을 더 좋아한다.

B　수학 과목을 좋아한다.

C　의사결정이 필요할 때 혼자서도 잘한다.

D　문제 해결을 위한 조언을 듣는 것을 좋아한다.

E　구경하는 것보다 내가 직접 하는 것이 더 좋다.

F　식물, 동물 등 자연관찰을 즐긴다.

**3군** ……[　　　]

A　정원 손질, 자전거 수리, 요리, 바느질 등 손으로 하는 일을 즐긴다.

B　해야 할 일의 목록을 만드는 것을 좋아한다.

C　회사에 취직하는 것보다 개인 사업을 해서 돈을 벌고 싶다.

D　다른 사람을 돕는 것이 좋다.

E　상상해서 글 쓰는 것이 즐겁다.

F　과학 과목이 좋다.

**4군** ……[　　　]

A　애완동물을 좋아한다.

B　글씨를 깨끗하고 단정하게 쓴다.

C　내가 우리 시의 시장이라면 좋겠다.

D　펜팔을 하거나 일기 쓰는 것을 좋아한다.

E　어떤 일을 친구들과 함께 하는 것보다 혼자 하는 것이 좋다.

F　물건을 분해해서 작동원리를 찾는 것이 좋다.

## 5군 ······[ ]

A 기계나 도구를 사용하는 것이 좋다.

B 방이 깨끗해야 기분이 좋다.

C 내 의견을 표시하는 데 수줍어하지 않는다.

D 어떤 일을 혼자 하는 것보다 친구들과 함께 하는 것이 더 좋다.

E 방을 꾸미고 가꾸는 것이 좋다.

F 정치 경제 등 시사 잡지가 재미있다.

## 6군 ······[ ]

A TV를 보는 것보다 자전거를 타는 것이 더 좋다.

B 컴퓨터 사용을 즐긴다.

C 나는 그룹 활동을 할 때 주로 이끄는 사람이 된다.

D 사람들을 만나고 새로운 친구를 사귀는 것을 잘한다.

E 음악, 미술, 조각 등 예술 활동이 좋다.

F 자연보존과 환경오염 문제에 관심이 많다.

# 2 단계

1단계에서 표시한 각 알파벳의 개수가 몇 개인지 아래에 있는 해당 알파벳의 옆에 개수를 적어 봅시다.

A ···[ 개 ] B ···[ 개 ] C ···[ 개 ]

D ···[ 개 ] E ···[ 개 ] F ···[ 개 ]

## 3 단계

여러분이 가장 많이 선택한 알파벳은 어떤 것인가요? 가장 많이 선택한 알파벳을 아래에서 찾아봅시다. 그러면 그 항에 나열되어 있는 직업들이 여러분의 특성에 가장 알맞은 직업들이라는 뜻입니다.

| | |
|---|---|
| **A** 활동적 직업 | 운동선수, 항공기 조종사, 농부, 산림 감시원, 정원사, 건축토목기사, 소방관, 스포츠레저, 무역업, 여행업 |
| **B** 섬세한 직업 | 컴퓨터 프로그래머, 회계사, 은행원, 우주항공기술자, 도서관 사서, 의료기술자, 재정설계사, 호텔 종업원 |
| **C** 지도적 직업 | 회사 경영자, 장교, 법조인(판사, 검사, 변호사), 호텔매니저, 정치인, 경찰관 |
| **D** 서비스 직업 | 사회사업가, 간호사, 텔레마케터, 영업사원, 교사, 의사, 기자 |
| **E** 예술적 직업 | 만화가, 배우, 화가, 음악가, 소설가, 패션디자이너, 건축가, 사진작가, 안무가, 인테리어 전문가, 그래픽디자이너 |
| **F** 연구 직업 | 과학자, 의학연구자, 정신과 의사, 교수, 리서치 전문가, 법무사, 산림전문가, 기상학자 |

자! 여러분은 어떤 직업이 어울린다고 나타났나? 그러나 이런 검사의 결과는 절대적인 것은 아니다. 이제 취미를 갖고 전공학과를 선택하기 전에 선택된 직업들이 어떤 일을 하는지 관련된 책들도 읽어 보고 그런 일들을 하는 사람들을 만나보는 것이 필요하다. 그리고 그 밖에 다른 군에 있는 직업들도 살펴봐야 한다.

그래서 직업이 정해지면 대학의 어떤 과에서 그런 직업과 관련된 공부를 할 수 있는지 찾아서 그 모집단위의 과에 알맞은 자기의 개인적 계획을 세워야 한다. 이렇게 자기의 특성과 알맞은 활동과 과를 찾아가는 것을 스펙이라고 하고, 그 스펙을 따라서 여러 가지 실천계획을 세우는 것을 포트폴리오라고 한다.

〈참조:JA Korea 개인경제 워크북〉

### 관련 책 읽기

관심 분야에 관련된 책이나 그 분야의 권위자가 쓴 책을 읽으면 앞으로 전공을 결정하는 데 큰 도움이 된다. 만약 관심 분야가 없는 학생이라면, 적성 검사 결과와 관련된 책을 읽고 검사 결과를 확인해도 좋다. 대형 서점에 가서 편안한 마음으로 둘러보다 눈에 띄는 분야가 있으면, 그 분야를 자세히 살펴보는 방법도 전공을 결정하는 데 유효하다.

### 멘토 만나기

관심 분야를 전공하고 실제로 일한 사람을 만나면 전공을 결정할 때 많은 도움을 받을 수 있다. 따라서 마음속에서 대략적으로 전공할 분야를 정한 다음, 반드시 그 분야의 전문가를 만나 이야기 들어보기를 권한다. 물론 선뜻 용기가 나지 않을 수 있다. 하지만 자기 인생의 가장 중요한 목표를 정하는데, 그 정도 용기와 수고는 당연하다. 감나무 밑에서 입을 벌린 채 있다고, 감이 입 안으로 뚝 떨어지지 않는다. 스스로 땀을 흘리며 뛰어다닌 사람만이 진정 원하는 결과를 손에 넣을 수 있을 것이다.

### 봉사활동이나 여행 등 다양한 경험하기

관심 분야가 있다면, 그 분야에서 일하는 사람들이 있는 곳을 견학하거나 봉사활동을 해 보자. 눈으로 보고, 몸으로 부딪히면서 생생한 현장감을 느끼고 목표의식을 분명히 할 수 있다. 목표를 세워 여행을 하는 것도 다양한 경험을 쌓는 데 좋다. 친구들과 함께 가도 좋고, 혼자 가도 좋다. 여행을 준비하는 과정에서 계획성과 준비성을 키우고, 실제로 여행에서 크고 작은 일을 겪으면서 자신감과 도전의식을 높일 수 있다.

### 2) 총괄 실천계획

대학에서 전공을 공부하려면 기본적인 학습능력과 기초적인 전공능력이 필요하다. 대학이 입학사정관제로 뽑으려는 학생은 바로 이러한 능력을 갖춘 학생이다. 단, 대학은 누가 시켜서 억지로 공부한 학생이 아니라 스스로 노력해서 학습 능력과 전공능력을 키운 학생을 원한다는 사실을 잊지 말자.

#### ① 내신학습능력(학습동아리 만들기)

각 과목별로 몇몇 친구를 모아 학습동아리를 만들자. 국어, 수학, 생물 등 과목별 동아리를 만들어 함께 공부하고, 담당 선생님에게 자문을 구하고, 담임선생님의 도움을 받아 학교생활기록부에 학습동아리활동을 기록하도록 한다. 이 기록은 입학사정관제에서 아주 유리한 기록으로 작용한다. 동아리 회장은 친구들끼리 돌아가며 하고, 부모님이나 선생님보다 학생들 스스로 주도하여 활동하는 편이 좋다.

#### ② 전공능력(전공 취미동아리 만들기)

전공 취미 분야 역시 몇몇 친구를 모아서 동아리를 만들자. 혼자 공부할 때보다 여럿이 함께 공부할 때 훨씬 재미있고 능률적으로 공부할 수 있다. 신문이나 책을 같이 읽고, 그룹스터디를 하거나 관련 경시대회 등을 준비해도 좋다. 동아리 회장은 일정한 기간을 정해 돌아가면서 하고, 담임선생님에게 자문을 구해 동아리활동이 학교생활기록부에 기록되도록 한다.

### 3) 구체적 실천계획

공부를 할 때는 구체적인 계획이 필요하다. 중간고사 등 시험 일정에 맞춰 참고서와 문제집을 정하고, 학습방법을 정한다. 전공 관련 비교과 과목도 관련 경시대회 일정에 따라 학습 계획을 체계적으로 짜야 한다.

## 일정관리

### 1) 내신성적관리

중간고사 · 기말고사 등 시험 일정에 따라 미리 분기별, 월별, 주별로 나누어 계획을 세운다. 공부할 참고서나 문제집을 정하고, 학습량과 학습방법을 정해 일정 기간마다 점검한다.

### 2) 전공관리

정기 일정과 부정기 일정으로 나누어서 계획한다. 예를 들어, 미리 일정이 잡힌 경시대회 등은 정기 일정이고, 우연히 신문이나 잡지 등에서 본 전공 관련 행사 등은 부정기 일정에 속한다.

### 3) 취미관리

전공과 마찬가지로 정기 일정과 부정기 일정으로 나누어서 계획한다.

### 4) 가족과의 시간

정기 일정과 부정기 일정으로 나눈다. 금요일마다 재활용쓰레기 치우는 일을 맡았다면 정기 일정에, 특정 주말에 가족끼리 나들이를 간다면 부정기 일정에 들어간다.

## 인간관계관리

인간관계를 원만하게 유지하는 일은 사회나 조직생활에서 매우 중요하다. 예를 들어, 학교 공부를 잘하지만 친구들과 사이가 원만하지 못해 외톨이로 지내는 친구가 있다고 하자. 이 친구가 성장해 회사에 들어간다면, 개인 업무 처리 능력이 뛰어날지라도 조직 내 관계를 원만하게 이끌지 못해 조직원 사이에 오해와 불화가 생길 수 있고, 더 나아가 일에 악영향을 끼칠 수 있다. 그렇기 때문에 입학사정관제에서는 바람직하고 원만한 인간관계도 매우 중요하게 평가한다.

### 1) 선생님과의 관계

선생님은 학생과 매우 밀접한 관계를 가지며, 학생이 자기정체성과 가치관을 정립하는 데 많은 도움을 준다. 선생님을 어려워하여 멀리하지 말고, 적극적으로 다가가 도움을 청하고 자문을 구하자. 학습동아리 등 다양한 활동을 이야기하고 지도를 받으며 활발히 의사소통을 하면, 입시에 유리한 자료가 학교생활기록부에서 빠지는 일은 없을 것이다.

### 2) 친구 · 기타 관계

친구나 친척 등 지인들에게 일정 기간마다 이메일이나 전화 등으로 안부를 묻자. 소소한 일이라도 좋다. 따뜻한 관심과 안부 인사는 인간관계의 훌륭한 윤활유가 되고, 자신에 대한 주변 평판도 자연히 올라간다.

### 3) 부모형제 관계

가족은 가장 기본적이고 중요한 기초집단이다. 가족 구성원으로서 자신의 위치와 역할을 인지하고, 어릴 때부터 책임의식과 협조정신을 기른 학생은 사회에서 다른 사람과의 관계를 원만하고 너그럽게 이끈다. 따라서 입학사정관제에서는 가족관계를 가장 기본적인 인간관계로 보고, 중요하게 생각한다. 실제로 서울대학교 등에서는 자기소개서에 가정환경을 적으라고 명시한다. 일기를 이용해 가족과 여행을 떠나거나 특별한 시간을 보낸 내용을 꼼꼼히 기록해 두면, 자기소개서에 쓸 때 훌륭한 자료가 된다.

## 입시관리

입시관리는 학교생활기록부관리와 전공관리를 나누어서 해야 한다. 이때 어느 한쪽이 소홀하지 않도록 각별히 주의한다. 특히 학교생활기록부관리가 제대로 되지 않으면 전공을 평가받을 기회조차 주어지지 않을 수 있으니 유의한다.

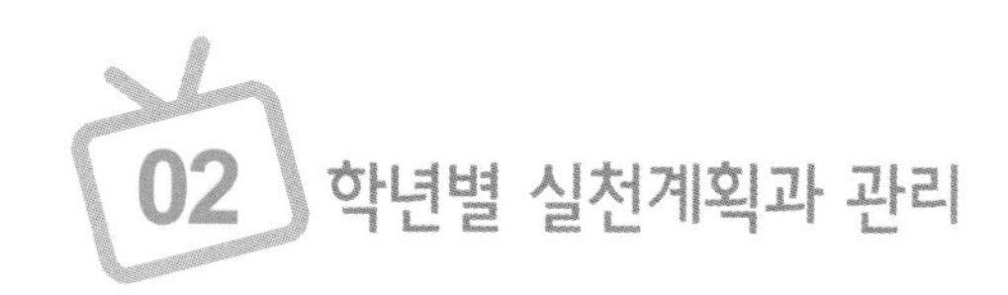

## 02 학년별 실천계획과 관리

### 01 내가 지금 고등학교 3학년이라면?

늦었다고 생각될 때가 가장 빠른 때라는 말이 있다. 고등학교 3학년이라고 늦었다 포기하지 말자. 지금부터라도 철저히 준비하면, 얼마든지 좋은 결과를 거둘 수 있다.

고등학교 3학년 학생은 전반기와 후반기로 나누어 준비해야 한다. 후반기 학생일수록 장기적 진로계획이 무엇보다 중요하다. 시간이 없는 만큼 적성을 찾는 과정을 거치기보다 평소 흥미가 있던 분야와 비교과 성적이 가장 좋은 과목을 따져 관계 전공을 선택하는 편이 바람직하다. 전공을 선택하면 참고 서적을 3권 이상 읽고, 느낀 점을 500자 이상 써 두어야 한다. 또한 전공 분야에서 전문가를 직접 만나거나 전문가가 쓴 책을 읽고, 어떤 공부를 어떻게 해야 하는지 미리 알아보고 내용을 정리해 놓는다. 그동안 해 왔던 봉사활동이나 수상 실적 등이 지원하려는 전공과 어떤 연계가 있는지 살펴보고, 자기소개서나 면접을 대비해야 한다. 예를 들어, 경영학과에 지원하고 싶은데 비교과 과목 가운데 법과 사회를 선택해 학점을 받았고 동사무소에서 종합운동장 청소하는 봉사를 했다고 하자. 그러면 다음과 같이 이야기할 수 있다.

최선을 다하자!

"내 목표는 경제전문변호사다. 그렇기 때문에 '법과 사회'를 선택해 공부했고, 사람들의 준법정신을 살펴보려고 경기가 끝난 종합운동장 청소를 지원해 했다."

내신성적관리는 지난 시간을 되돌릴 수 없는 만큼 지금까지

해 온 결과를 받아들이고, 그에 맞는 대학을 지원해야 한다.

전반기 학생이라면 1학기 동안 구체적인 활동을 할 시간적 여유가 있다. 후반기에서야 목표를 정한 학생보다 유리한 조건이다. 따라서 절대 이 시간을 헛되이 보내지 말고, 수시로 전공 관련활동을 해야 한다. 예를 들어, 생물학과나 유전공학과를 지원하려는 학생이라면 우장춘 박사 등 전공 분야 권위자의 저서를 읽고 분석하거나 직접 식물이나 곤충 채집을 하여 표본 연구 자료를 만든다. 입학사정관제에서 3학년 1학기까지 내신성적을 보므로, 절대 내신을 포기하지 말고 잘 관리해야 한다. 3학년 1학기 내신성적은 고교 전체의 40%를 차지할 만큼 아주 중요하다.

### 내가 지금 고등학교 2학년이라면?

고등학교 2학년은 목표관리부터 일정관리, 인간관계관리 등 모든 관리가 가능한 학년이다. 구체적인 전공 관련활동을 할 시간과 기회가 충분하고, 내신도 80%를 관리할 수 있다. 특히 개인 내신성적관리와 함께 학습 동아리활동을 병행하면, 입학사정관제에 필요한 기본적인 성적관리는 문제없다. 일부 보충이 필요한 경우에도 학습 동아리별로 선생님에게 도움을 받으면 된다.

### 내가 지금 고등학교 1학년이라면?

시작이 반이라는 말이 있다. 고등학교 생활을 막 시작하는 학년이니만큼, 목표를 뚜렷하고 확고하게 정하는 일이 무엇보다 중요하다. 앞서 설명한 대로 적성을 찾는 과정을 거쳐 자신이 꼭 이루고 싶은 목표를 정한 다음, 구체적인 계획을 세워 차근차근 준비한다.

### 내가 지금 중학교 3학년이라면?

중학교 3학년은 고등학교 진학을 앞둔 매우 중요한 학년이다. 그러나 학교 성적이 좋지 못해 소위 명문고에 들어가지 못한다고 해도 걱정할 필요 없다. 민족사관 학교나 상산고등학교 등에서도 입학사정관제로 학생을 뽑을 때, 학원을 다니지 않고 스스로 공부해 어느 정도 성적을 유지한 학생들을 높게 평가한다. 또한 일반 고등학교에 들어가도 앞서 설명한 대로 고등학교 생활을 충실히 하면 오히려 특목고 학생들보다 내신에서 앞서므로 원하는 대학 진학에 유리하다.

## 02 내가 지금 중학교 1~2학년이라면?

목표를 정하기 전에 자기만의 특성을 확실하게 알아볼 수 있는 시간이 충분한 학년이다. 시간에 쫓기지 않고도, 좋아하는 취미를 즐기면서 찬찬히 적성을 찾아볼 수 있다. 특히 여러 분야의 책을 다양하게 읽고, 봉사활동이나 여행 등 견문을 넓히는 데 힘쓴다. 악기나 운동을 이 시기까지 완벽히 습득해 놓으면 매우 좋다. 이 시기에 학교 공부를 스스로 하는 방법을 익히고 일기쓰기 등으로 자기관리하는 기술들을 잘 터득해 놓으면 학년이 올라 갈수록 안정된 학창시절을 보낼 수 있다. 지금까지 혼자 공부를 하거나 학원을 다니면서 공부를 해 왔다면 학습동아리를 만들어서 친구들과 같이 교과, 비교과 공부를 하는 습관을 만들면 입학사정관제 전형에 대비하는 최고의 준비이다.

특히 자신의 특성을 키우는 데 도움이 되는 캠프 등에는 적극적으로 참여하여야 한다. 이 시기는 사춘기이기도 함으로 그 어느 때보다 스스로 하는 자기관리가 필요한 시기이고 부모님들은 시행착오를 겪으며 경험을 쌓는 자녀들을 조급한 마음을 갖지 말고 격려해 주며 지켜봐 줘야 하는 시기이다.

# 5장
# 대학들의 일반적인 학생 선발방법 엿보기

## 일기쓰기

### 1) 일기장을 구성하는 형식

① 바인더 노트 형태로 만든다.

일기를 입학사정관제에 제출할 자료로 활용하려면, 그날 있었던 일을 글로 적으면서 관련 자료를 사이사이에 추가해서 넣어야 한다. 그러려면 일기장을 바인더 노트 형태로 만드는 편이 좋다.

② 연중계획표

학교 공부, 전공관련 공부 등 일 년 동안 해야 할 일을 계획표로 만든다. 분기별, 월별 등으로 나누어 계획을 세우면 편리하다.

③ 주중계획표

1주일마다 해야 할 일을 구체적으로 정해서 표로 정리한다.

④ 취미계획표

일반적인 취미와 전공과 관련된 취미를 나누어 계획표를 따로 만든다.

⑤ 독서실천표와 도서감상록 (별도로 만들면 일기장에 넣을 필요 없다.)

⑥ 인상 깊은 사건 목록

특별히 중요하거나 인상 깊은 일을 일반적인 일과 지원 대학의 전공 분야와 관련된 일로 나누고, 목록으로 정리해 둔다. 자기소개서를 쓰거나 면접 대비로 활용할 때 편리하다.

⑦ 장 · 단점 점검표

장점 확인 발전 표 : 목록, 발전방법, 일자별 계획, 일자별 점검,
주간 · 월간 점검

단점 확인 발전 표 : 목록, 보완방법, 일자별 계획, 일자별 점검,
주간 · 월간 점검

⑧ 느낌표

긍정적 느낌 : 일과에서 긍정적인 부분을 찾아서 간단히 느낌을 적는다.

반성의 느낌 : 일과에서 반성할 부분을 찾아서 뉘우치는 이유를 적는다.

⑨ 대학정보 바인딩 (일기장 맨 뒤에 모아 두면 편리하다.)

## 2) 마인드맵으로 자기계획 세우기

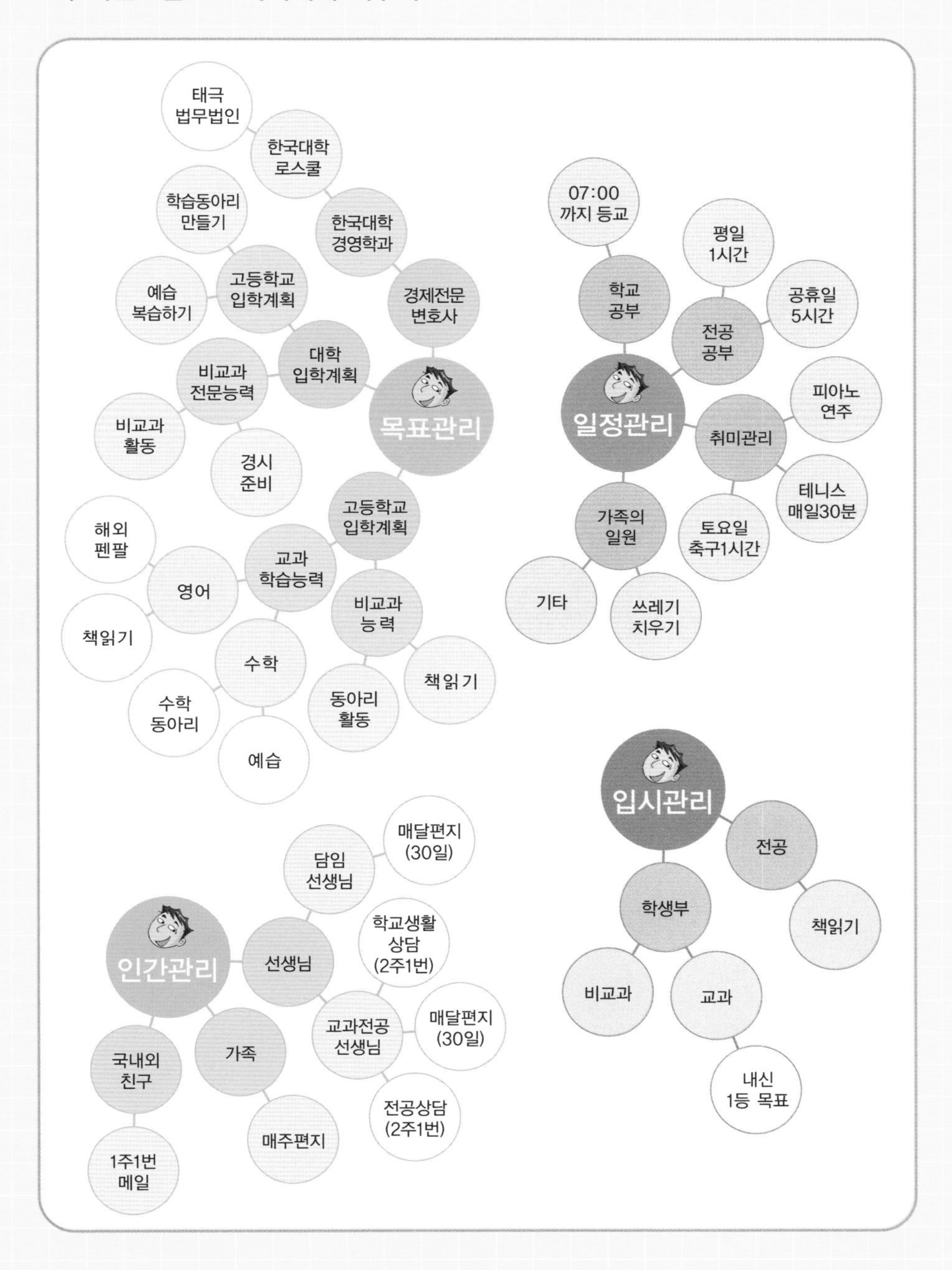

### 주도적인 삶을 사는 연습을 하자!

시험을 대비할 때, 소풍을 갈 때, 이벤트에 참여할 때 등 다른 사람들이 세운 계획을 무작정 따르지 말고, 스스로 자기계획을 세워서 주도적으로 참여하자. 이때, 자기계획을 마인드맵으로 작성하면 아주 편리하다. 이 마인드맵을 잊지 말고 반드시 그날 일기에 바인더로 붙여 둔다. 그리고 취미 계획표에 목차로 표시한다.

### 마인드맵 작성하기

먼저 떠오르는 단어들을 자유롭게 적는다. ⇨ ➔ 단어마다 생각나는 설명을 간략하게 쓴다. ⇨ ➔ 마인드맵으로 그린다.

### 3) 사진이나 기타 자료가 있으면 바인더로 첨부

일기를 쓸 때, 그날 있었던 일과 관련된 사진이나 기타 자료가 있으면 바로 그날 일기 다음에 바인더로 붙인다. 예를 들어, 체험학습 사진이 있다면 체험학습을 한 날에 붙이면 된다. 특히 자기가 지원하려는 전공 분야와 관련된 경우에는 반드시 사진이나 기타 자료를 붙여야 한다. 만약 자료가 두껍다면 목록으로 만들어 붙이고, 자료를 보관한 곳을 표시해 둔다.

– 또는 뒤에 설명하는 바인더 형식의 파일 노트에 같이 넣어도 된다.

#### 유용한 인터넷 사이트

대학교육협의회 또는 정부발표 등 스크랩이 필요한 자료가 있으면 알기 쉽게 정리해서 바인딩하는 방법을 정리해 놓았다. 사이트에 접속해서 자료를 다운받아 보고, 바인딩하면 된다.

- 블로그 : http://blog.naver.com/dudrlfsp
- 카 페 : cafe.naver.com/eppak, cafe.daum.net/eppak

# 02 바인더 형식의 파일노트로 증빙서류 모으기

증빙서류를 분류해서 바인더 형식의 파일노트로 정리해 두면 입학사정관제 제출 서류를 준비할 때도, 자기관리를 할 때도 도움이 된다.

증빙서류를 정리할 때는 내용별이나 과목별 등으로 대분류, 중분류, 소분류로 나누어 정리한다. 바인더 속에 간지를 넣어 대분류를 파란색, 중분류를 초록색, 소분류를 분홍색 등으로 구분하면 한눈에 찾기 쉽다. 또한 증빙서류 제목과 날짜를 목차로 만들어 두면 목차만 보고도 파일을 찾을 수 있고, 증빙서류와 관련된 일기를 찾아 확인하기에 편리하다.

### 생물학과에 지원하려는 선주의 증빙서류

예1) 생물 경시대회 장려상 상장

전공 관련 – 대분류 〈1〉

교외 시험 – 중분류 〈1〉

전국 시험 – 소분류 〈1〉

예2) 봉사 증거 서류

전공 관련 봉사 – 〈1〉

교외 봉사 – 〈1〉

안양시 – 〈2〉

지수는 전공이냐 아니냐를 기준으로 전공이면 1, 다른 영역이면 2로 했고, 교외 시험이면 1, 교내 시험이면 2로 분류했다. 또한 전국 시험이면 1, 광역 시험이면 2, 광역보다 작은 단위 시험이면 3으로 분류했다. 이처럼 개인별 중요도에 따라 증빙서류를 분류하면 정리하고 열람하기 편하다.

**증빙서류 바인더 목차**

| 연번 | 파일위치 | 일기장 날짜 | 증빙 서류 내용 | 발급기관명 | 기타 |
|---|---|---|---|---|---|
| 1 | 1-1-1 | 09. 10. 17 | 제 14회 전국 생물경시대회 | 생물협회 | 장려상 |
| 2 | 1-1-2 | 09. 11. 13 | 안양시 바이오 박람회 자원봉사 | 안양시 | 확인서 |

〈서울대학교 증빙서류 목록, 별첨 3 참조〉

## 03 독서계획과 도서감상록

서울대학교에서는 자기소개서 양식에 도서감상록 양식을 다음과 같이 별도로 구분해 놓았다. "자신이 읽었던 책들 가운데 가장 인상 깊었던 책 3권을 선택하고, 그 책을 선택한 이유를 기술하여 주십시오(띄어쓰기를 포함하여 각 도서별로 500자 이내)."

평소 책을 읽고, 도서감상록을 꼬박꼬박 기록해 둔다면 자기소개서를 쓸 때 참고자료로 활용할 수 있다. 아래에 참조할 만한 도서감상록을 예로 들었으니 꼼꼼히 살펴보자.

도서감상록

| 연번 | 분류 | 도서명 | 저자 | 출판사 | 독서 계획일<br>독서 완료일 | 도서를<br>선택한 이유 | 독서하고<br>느낀 점 | 만족도 |
|---|---|---|---|---|---|---|---|---|
| | | | | | | | | |

분류 란에는 전공관련 도서면 ●, 전공 비관련 도서면 ○으로 표시한다. 그리고 도서명과 저자, 출판사, 독서를 계획한 날짜와 실제로 끝마친 날짜를 쓰고, 그 도서를 선택한 이유와 읽고 난 다음 느낀 점을 적는다. 마지막으로 도서에 대해 만족하면 ○, 그럭저럭 읽을 만하면 △, 별 도움이 되지 않거나 재미가 없으면 ×로 표시한다. 이러한 양식은 어디까지나 참조 사례로, 직접 도서감상록을 쓸 때는 자기가 쓰기 편한 양식을 선택해서 쓰면 된다.

## 04 전공과 관련된 신문스크랩

신문은 온갖 분야의 최신 정보가 들어 있는 보고(寶庫)다. 교과서가 지난 정보를 통해 새로운 정보를 이해하기 위한 기초적인 배경지식과 정보습득을 위한 교재이고, 전공관련 서적이 지금까지 정보를 총체적으로 담고 있다면, 신문이야말로 바로 지금 우리가 놓치면 안 될 최신 정보를 가장 빨리 전하는 매체다. 따라서 신문을 읽고, 중요한 내용을 꾸준히 스크랩해 두면, 돈 주고도 사지 못할 귀한 자료를 만들 수 있다.

신문을 스크랩하는 방법에는 여러 가지가 있다. 여기서는 그 가운데 하나를 예로 들어 보겠다.

신문스크랩 바인더 목차

| 연번 | 파일의 위치 | 일기장 날짜 | 신문기사 제목 | 신문명 | 기사날짜 |
|---|---|---|---|---|---|
| 1 | 2 | 09. 06. 24 | 한국경제 한반기 본격회복 | 중앙일보 | 6. 23 |
| 2 | | | | | |
| 3 | | | | | |
| 4 | | | | | |

신문을 스크랩한 다음, 목차를 정하고 전공과 관련성을 기준으로 분류해서 정리한다. 신문스크랩도 바인더로 정리하면 아주 편리하다. 바인더 속에 간지를 넣어 전공은 파란색 1, 기타는 초록색 2로 분류한다. 물론 분류색은 자신이 좋아하는 색으로 정해도 무방하다.

이렇게 목차를 만들어 두면, 목차만 보아도 파일을 찾을 수 있고, 스크랩한 날짜로 그때 일기를 쉽게 확인할 수 있다.

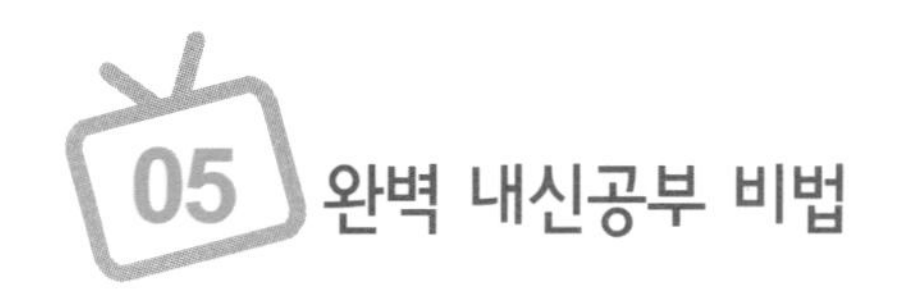

# 05 완벽 내신공부 비법

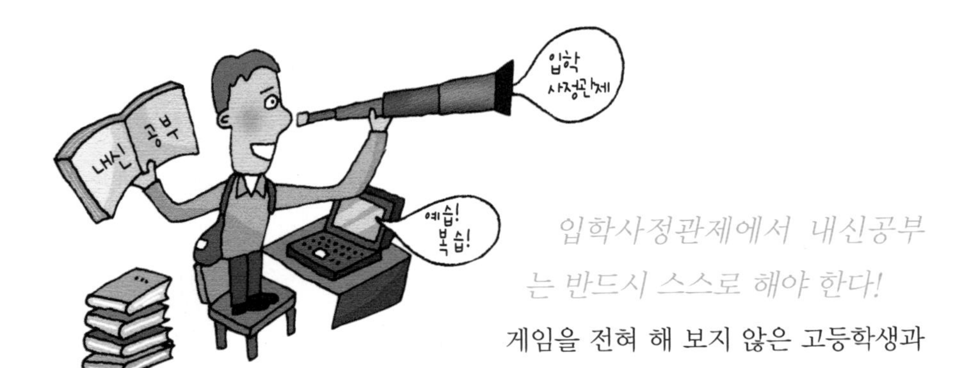


*입학사정관제에서 내신공부는 반드시 스스로 해야 한다!*

게임을 전혀 해 보지 않은 고등학생과 서든 어택이라는 게임을 아주 잘하는 초등학생이 함께 서든 어택 게임에 대한 강의를 듣는다면, 누가 더 집중해서 강의를 들을까? 두말할 필요 없이 초등학생이다. 초등학생은 이미 서든 어택 게임을 잘 알고, 많이 했기 때문이다. 학교 수업도 마찬가지다. 수업 내용을 미리 공부한 학생은 그렇지 못한 학생보다 훨씬 수업에 집중할 수 있다.

따라서 학교 수업을 잘 이해하려면 선행학습, 즉 예습이 무엇보다 중요하다. 예습은 단순한 공부가 아니라 다음 날 수업을 알차게 듣기 위한 사전 준비다. 따라서 예습을 잘해야 수업 내용을 효율적으로 이해할 수 있다.

특히 입학사정관제를 준비하는 학생은 내신공부를 할 때 학원이나 과외에 의존하지 말고 스스로 공부하는 습관을 들여야 한다. 그래야 전공관련 공부를 할 시간을 확보할 수 있을 뿐만 아니라 자율적인 학습을 중요하게 여기는 입학사정관제에서 유리하기 때문이다.

실제로 민족사관고등학교에서도 입학사정관제로 일부 학생들을 모집할 때, 가장 중요한 요건으로 학원을 다니지 않은 학생을 내세우고 있다.

### 1) 다음 날 수업 준비하기 (예습)

*교과서와 문제집 한 권을 반드시 준비해라!*

예습할 때에는 과목별로 교과서와 문제집 한 권을 반드시 준비해야 한다. 예습을 하는 순서는 먼저 다음 날 시간표를 보고, 과목별로 교과서와 문제집을 꺼내 한쪽에 차곡차곡 쌓아 둔다. 위에 있는 교과서와 문제집부터 예습을 시작하고, 예습이 끝나면 다른 쪽으로 교과서와 문제집을 옮겨 놓는다. 과목별 예습이 모두 끝나면, 가방 속에 챙겨 넣는다. 그러면 다음 날 수업 준비가 끝난다.

*자, 예습을 시작하자!*

① 해당 과목의 교과서를 꺼내 다음 날 배울 부분을 대강 훑어 읽는다. 단, 절대 정독해서는 안 된다. 교과서를 한 번 쓱 읽으면 미련 없이 덮는다.

② 문제집을 펴고 교과서에서 읽은 부분에 관한 문제를 풀어 본다. 이때 두 가지를 주의해야 한다. 첫째는, 답을 쓸 때 문제집이 아니라 연습장에 쓴다. 둘째는 문제집에 실린 요약 설명을 보지 않아야 한다. 이렇게 문제를 풀면 어떤 문제는 교과서에서 읽은 내용이 생각나고, 어떤 문제는 잘 생각나지 않고, 또 어떤 문제는 전혀 생각나지 않겠지만 가급적 고민하지 말고 생각나는 대로 문제를 풀도록 한다.

③ 문제를 다 풀면 답안지를 열고 연습장에 적은 답과 대조한다. 그다음에는 꼭 답안지 문제 풀이를 보면서 문제를 이해한다. 그리고 문제 번호 앞에 문제를 알고 잘 맞혔으면 O, 문제는 맞혔지만 잘 모르면 △, 문제를 전혀 모르면 X로 표시한다.

④ 답안 대조가 끝나면 교과서를 다시 편다. 그리고 아까 풀었던 문제에서 나온 보기들과 같은 부분을 교과서에서 찾아 밑줄을 긋는다. 만일 1번 문제가 "이 가운데 정답을 고르시오."이고, 보기가 5개라면 정답 1개가 교과서에 실려 있

을 테고, 그 반대라면 오답 4개가 실려 있을 것이다. 수학이나 물리처럼 공식을 쓰는 과목은 비슷한 예제를 찾아 문제를 푸는 데 필요한 공식을 체크해 둔다. 이 과정은 맞은 문제든, 틀린 문제든 가리지 않고 모두 해야 한다.

⑤ 이제 교과서를 다시 한 번 쭉 읽는다. 그러면 처음 읽었을 때 보이지 않던 부분이 보이고, 이 부분이 문제집에 어떤 문제로 나왔는지 알게 된다.

⑥ 다시 문제집을 펴고 △와 X로 표시했던 문제를 부담 없이 살펴본다. 역시 처음 풀었을 때보다 답을 쉽게 찾을 수 있을 것이다. 이때도 보기에 표시하지 않도록 한다. 만약 예습 과정에서 아무리 보아도 잘 모르는 부분이 있으면 너무 고민하지 말고, 파란 밑줄을 그어 둔다. 수업 시간에 확인하고, 선생님에게 질문하면 된다.

### 2) 집중해서 수업 듣기 (수업)

*교과서와 막 공책 하나를 준비해라!*

공부하기 전에 예습을 해 두면, 수업 내용이 몹시 궁금해진다. 선생님 말씀에 귀를 쫑긋 세우고, 파란색 밑줄로 표시한 부분을 놓칠세라 주의를 기울인다. 이처럼 예습을 제대로 한 학생은 그러지 못한 학생보다 수업에 훨씬 집중할 수 있다.

*드디어 수업이 시작됐다!*

① 교과서를 꺼내서 배울 부분을 펼친다. 만약 선생님이 교과서로 수업하지 않아도 꼭 교과서를 펴도록 한다. 그리고 수업을 들으며 어제 예습했던 내용을 다시 한 번 확인한다. 수업 내용이 귀에 쏙쏙 들어오고, 한결 쉽게 이해할 수 있을 것이다.

예습하면서 잘 몰라서 파란색 밑줄을 그었던 부분을 수업을 듣고 이해하면 붉은색 줄을 긋고 끝까지 모르겠으면 선생님에게 질문해서 해결한다.

② 만일 선생님이 수업하면서 교과서나 문제집에서 다루지 않은 부분을 가르치면 연습장처럼 쓸 수 있는 막 공책에 적는다. 수업이 끝나거나 집에 돌아가면 반드시 교과서에 옮겨 적는다.

### 3) 오늘 배운 내용을 꼭꼭 되씹기 (복습)

*단권화 작업을 하자!*

집에 돌아오면 가방에서 책을 모두 꺼내 복습을 한다. 정독으로 자세히 하려고 시간을 낭비하지 말고, 책을 한 번씩 쭉 읽는다. 그래도 충분히 복습이 된다.

① 가방에서 책을 꺼내면 한쪽에 차곡차곡 쌓아 놓는다. 그리고 한 과목씩 차례로 교과서를 펼쳐 오늘 배운 부분을 읽는다. 예습을 하고 수업을 들었기 때문에 한 번만 읽어도 충분하다.

② 교과서와 공책을 펼치고 수업 시간에 적어 둔 내용을 교과서 여백에 옮겨 적거나 종이쪽지에 써서 붙인다.

이렇게 하면 본래 교과서 내용과 문제집에 실린 내용, 수업 내용을 교과서 한 권에 묶을 수 있다. 다시 말해, 교과서만 보면 문제집과 수업 내용을 한 번에 볼 수 있다. 이를 전문용어로 단권화 작업이라고 한다. 문제집과 수업 내용 등 필요한 부분을 모두 교과서에 넣어 단권화했다는 의미다.

### 4) 토요일에는 주말 복습

교과서들을 모두 꺼내서 주중에 공부한 부분을 한 번 쭉 읽는다. 예습과 수업, 복습을 끝마친 상태라 금방 읽을 수 있고, 내용이 쉽게 기억날 것이다. 주말 복습은 시간이 지나면서 가물가물한 기억을 확실하게 각인시키는 작업이다. 힘들여 예습과 수업, 복습을 해서 공부한 내용을 제때 보지 않으면 하나둘씩 잊어버리게 된다. 따라서 주말 복습을 통해 다시 한 번 공부한 내용을 되새겨야 한다. 쉬는 토요일에는 그동안 배웠던 부분을 총체적으로 읽어 둔다.

### 5) 시험 기간에는 어떻게 해야 할까?

평소 예습과 수업, 복습 그리고 주말 복습을 꾸준히 했다면 이미 어느 정도 시험 준비가 끝난 셈이다. 문제집을 한두 권 더 보며 아는 내용을 확인하고, 여러 문제 유형을 익히면 된다. 만약 문제 가운데 교과서에 나오지 않은 내용이나 유형이 있으면 반드시 표시해 두어야 한다. 교과서에 해당 부분을 찾아 여백에 쓰거나 종이 쪽지에 써서 붙인다.

시험이 끝나면 시험지에 있는 문제들을 하나하나 살펴보고, 교과서 해당 부분을 찾아 밑줄을 긋고 메모를 한다. 이렇게 모든 내용을 응축한 교과서는 수학능력시험을 대비한 최고의 보물이다. 상급학교에 진학할 때까지 절대 교과서를 버리면 안 된다.

# 논술강좌

*논술을 잘하면 구술 면접도 잘할 수 있다!*

논술은 대학이 수험생의 이해력과 분석력을 확인하고, 확실한 자기 주관의 유무와 비판력 그리고 창의력과 표현력까지 평가할 수 있는 가장 효과적인 방법이다. 따라서 그동안 대학들은 수시 모집 정원을 늘리며 논술의 비중을 점차 늘려 왔다.

## (1) 입학사정관제에서 논술 공부가 필요할까?

입학사정관제에서는 자기소개서 등 각종 서류를 통해 학생들의 자질과 잠재력을 확인하고, 다른 전형에 비해 논술의 비중이 적은 편이다. 그러나 일부 대학들은 여전히 논술의 비중을 높게 유지하고 있다. 서류만으로는 수험생이 뚜렷한 주관과 비판의식을 가졌는지, 창의력과 표현력이 뛰어난지 알 수 없기 때문이다. 실제로 서울대학교의 특기자전형, 연세대학교의 글로벌전형, 서강대학교의 가톨릭지도자추천특별전형 등은 입학사정관제의 성격을 띠지만 논술을 중요하게 다룬다.

따라서 논술을 소홀히 해서는 원하는 대학에 진학하기 어렵다. 여기서는 어렵게 보이는 논술을 간단히 따라잡는 원리를 소개하겠다.

## (2) 논술문제의 형식

### 이해 · 분석형

논술문제를 살펴보면, 제시문을 요약하거나 (가)와 (나)의 제시문을 비교하여 유사점과 차이점을 쓰라는 문제가 많다. 학생이 제시문을 얼마만큼 이해했는지 알아보는 문제로, 이해력과 분석력을 확인하는 유형이다. 이러한 이해 · 분석형 문제 대비 방법으로는 다음 두 가지가 매우 유효하다.

하나는 앞서 설명한 교과서로 예습하는 방법이다. 교과서 예습이 숙달되면 자연히 교과서 지문에 익숙해지고, 문제집에서 관련 문제를 풀면서 이해와 분석력을 한층 높일 수 있다. 특히 서울대학교에서는 교과서의 지문을 논술에 많이 활용하므로 교과서를 중심으로 논술을 대비해야 한다.

또 하나는 신문을 활용하는 방법이다. 신문 사설은 논술에 아주 훌륭한 교재다. 사설을 읽을 때는 먼저 쓱 읽고 관련 기사를 찾아서 읽는다. 그런 다음, 다시 사설을 꼼꼼히 읽으면 사설이 어떤 관점에서 무엇을 말하고자 하는지 보이게 된다.

간혹 논술을 가르치는 몇몇 사람은 사설 가운데 학생들이 공부하기에 적합하지 않은 내용이 있다고 지적한다. 하지만 그것은 어디까지나 관점의 문제다. 사설은 신문의 주장을 신문 기사를 바탕으로 논리적으로 펼친 글이므로 논술의 형식을 이해하고 분석하기에 매우 좋다.

### 찬 · 반 논의형

(가)글의 관점에서 (나)글을 비판하라거나 (나)글의 관점에서 (가)글을 비판하라는 문제 유형을 찬 · 반 논의형 문제라고 한다. 제시문에 대한 뚜렷한 주관과 비판력을 보는 문제로, 이쪽도 옳고 저쪽도 옳다는 식으로 논리를 전개하면 안 된다.

찬 · 반 논의형 문제에 익숙해지려면 신문을 활용하는 방법이 좋다. 사설을 읽기 전에 기사를 읽고, 자기 생각을 정리한 다음 사설을 읽는다. 그러면 사설에서 주장하는 바와 내 생각이 어떻게 다른지 보이며, 왜 다른지 생각하게 된다. 이러한 훈련을 통해 자기 주관과 반대 관점에 대한 비판력을 키울 수 있다.

### 해결책 제시형

해결책 제시형 문제는 주로 "보기의 글을 참조하여 (가)글에서 보이는 문제점을 보완하시오."라는 유형이 많다. 창의력과 표현력을 보는 문제로, 논술문제의 마지막 단계다.

해결책 제시형 문제는 찬 · 반 논의형 문제에서 전개한 내용과 일관성 있게 써야 하고, 역시 신문기사를 읽고 사설 읽는 훈련을 반복해야 한다. 평소 문제의식을 가지고, 항상 생각해 보는 습관을 갖는다면 창의력과 표현력 발달에 도움이 된다.

### (3) 심층면접 및 토론에 매우 유용하다

논술 공부를 하면 심층면접이나 토론을 준비할 때 크게 도움이 된다. 특히 마인드맵을 이용해 논증할 논거를 준비하면 심층면접이나 토론을 앞두고 단기간에 자료를 정리하는 데 아주 편리하고 좋다.

〈서강대 알바트로스 국제화 특별전형 심층면접 기출문제, 별첨 4 참조〉

### (4) 주요 대학들의 공통적인 논술 지침 살펴보기

① 논제가 요구하는 바를 정확히 파악하고 답안을 작성해야 한다. 논제의 요구와 상관없이 자신이 준비한 답을 토대로 주장을 펼쳐서는 안 된다. 또한 자신 없는 부분이라고 생각해 임의로 빼고 답안을 작성하면 답안 전체 평가를 크게 낮추게 된다.

② 논제가 요구하는 항목에 대해 분명한 답을 제시해야 한다. 설명을 요구하는 부분에서는 자기 생각을 뒤섞지 말고, 각각 설명을 명확하게 서술하는 쪽이 더 좋은 평가를 받는다. 예를 들어, "간단하게 요약하시오." 또는 "세 제시문이 공통적으로 주장하는 바를 요약하시오."라고 하면, 간결하고 명확하게 요약해야 한다.

③ 자기주장을 제시할 때는 논리적인 체계와 일관성을 갖추고, 명확하고 설득력 있게 해야 한다. 또한 상투적인 견해나 정형화된 논증 과정보다는 창의적인 견해나 독창적인 논증 과정을 제시해야 좋은 평가를 받는다. 예나 인용을 쓸 때는 반드시 자기주장을 뒷받침하는 적절한 예나 인용을 쓰도록 주의해야 한다.

④ 제시문을 참고해도 좋으나 제시문의 표현을 그대로 옮겨 적다시피 하면 안 된다. 제시문 내용의 의미를 충분히 이해하고, 자신의 표현으로 정리해서 활용해야 한다. 필요할 때는 제시문에 나오는 핵심용어를 사용해 논지를 분석하는 편이 바람직하다.

⑤ 도입부인 서론을 너무 길게 쓰거나 결론에서 본론 내용을 단순 반복하지 않도록 유의한다. 서론을 쓸 때는 가급적 짧게 쓰고, 본론 위주로 답안을 작성하도록 한다. 결론에서는 본론 내용을 종합적으로 압축해서 써야 좋다.

⑥ 문장과 문단 구성이 복잡해지면 핵심이 명확히 전달되지 않는다. 따라서 핵심을 분명히 담은 주제 문장을 쓰는 법과 간결하고 명확한 문장을 쓰는 법을 많이 연습해야 한다.

⑦ 문장의 형식적 요건을 반드시 지킨다. 원고지 작성법, 맞춤법과 띄어쓰기에 유의하고 정확한 문장과 단어를 구사하며, 주어진 분량보다 많거나 적지 않도록 조심한다.

〈서울대학교 모의 논술고사 예시 문제와 답안, 별첨 5 참조〉

# 6장

# 자기소개서

자기소개서는 솔직하게 써야 한다. 예를 들어, 다른 사람에게 잘 보이고 싶은 마음에 자신을 터무니없이 과장해서 소개했다면 어떻게 될까? 처음에는 믿고 좋아했을지 몰라도, 실제 모습을 아는 순간 실망과 배신감을 느끼고 돌아서게 된다. 회사에 들어갈 때도 마찬가지다.

자기소개서에 능력을 잔뜩 부풀려 쓴다면, 힘들여 입사해도 아무 소용이 없다. 얼마 지나지 않아 능력 부족이 드러날 테고 일에 차질이 빚어질 것이다. 그러면 자기소개서를 믿고 그를 채용한 회사에게 큰 실망과 손해를 안기게 된다.

자기소개서는 자기소개서를 주는 쪽과 받는 쪽이 잘 어울리는 관계인지를 확인하는 중요한 절차이다. 따라서 솔직하고 구체적으로 작성해서 추후에 서로 실망하고 후회하지 않도록 각별히 주의해야 한다.

대학은 고심해서 뽑은 학생이 소속 대학에서 잠재력을 활짝 꽃 피우고, 나아가 사회 각 분야에서 훌륭하게 제 몫을 하는 인재가 되기를 바란다. 그렇기 때문에 학생이 자신에게 적합한 대학을 골라 지원하듯 대학도 학생의 잠재력을 키워 줄 수 있을지 확인해야 한다. 이때 필요한 서류가 바로 솔직한 자기소개서다.

현재 대학들이 요구하는 자기소개서는 예전과 형식이 다르다. 예전에는 영역을 구분하지 않고 써도 되었지만, 지금은 영역을 구분해서 써야 한다. 영역을 구분하는 기준은 각 대학마다 차이가 있다. 어떤 대학은 3가지 영역을 요구하고, 어떤 대학은 4가지 이상 영역을 요구한다. 이때 영역마다 다른 내용을 써야 하며, 중복되지 않도록 유의해야 한다. 단 각 영역의 내용이 서로 모순이 있으면 안 된다.

이처럼 대학마다 자기소개서의 형식에서 차이가 있지만, 내용에서는 거의 차이가 없다. 평소 고교생활을 잘 정리해 둔 수험생이라면, 지원하려는 대학이 어떤 대학이든 내용을 구성하는 데 별 어려움이 없을 것이다.

여기에서는 대학들이 공통적으로 요구하는 자기소개서 내용을 서울대학교의 자기소개서 양식의 기준으로 살펴보겠다. 서울대학교는 3가지 영역으로 나누어 자기소개서를 쓰도록 요구하며 각 영역의 분량은 1,000자 내외다.

## 대학들이 기본적으로 요구하는 내용

### (1) 목표의식을 확인한다

*목표 설정이 확실한지, 수험생의 목표가 대학의 이념과 여건에 맞는지 확인한다.*

서울대학교는 자기소개서 1영역에서 "지원동기와 진로계획을 중심으로 우리 대학교가 특기자전형에서 지원자를 선발해야 하는 이유에 대해서 띄어쓰기를 포함하여 1,000자 이내로 기술하여 주십시오." 라고 요구한다. 이는 학생이 서울대학교를 지원하는 동기와 졸업한 다음 진로 계획이 서울대학교의 교육 이념과 여건에 부합하는지 확인하려는 목적이다.

다음에 나오는 자기소개서 예를 서울대학교가 1영역에서 요구하는 내용과 비교해서 생각해 보자.

> 저는 장차 사설학원을 운영해서 돈을 많이 벌고 싶습니다. 그래서 서울대학교 경영학과에 지원했습니다. 원장이 서울대학교 출신이라면 많은 학생을 쉽게 모집하기 때문입니다.
>
> 서울대학교에 입학하면 각 전공별로 저와 뜻이 맞는 친구들을 찾겠습니다. 명실 공히 서울대학교 드림팀을 구성해서 졸업한 다음 서울 강남구 대치동에 '꿈의 서울대'라는 학원을 운영하면 반드시 성공하리라고 생각합니다.
>
> 또한 경영학뿐만 아니라 심리학을 부전공으로 공부하려고 합니다. 학부모의 심리를 집중적으로 분석하면 영업에 큰 도움이 되기 때문입니다.
>
> 현재 서울대학교에는 000 아동 · 학부모 전문 심리학 교수님이 계시고, 훌륭한 경영학과 교수님들이 계십니다. 그렇기 때문에 저는 서울대학교야말로 제가 꿈을 이루는 데 더할 나위 없이 적합한 대학교라고 확신합니다.

이 자기소개서는 서울대학교가 요구하는 1영역의 취지에 얼핏 부합한 듯 보인다. 지원자의 목표가 뚜렷하고, 진로 계획까지 확실히 잡혀 있다. 그러나 이 지원자의 목표는 결정적으로 서울대학교가 지향하는 교육 이념과 크게 어긋난다. 서울대학교는 우리나라 최고 지성을 키워 내고자 하며, 이는 사리사욕이 아니라 국가 발전과 인류 번영이라는 큰 뜻을 목표로 하고 있다. 지원자 같은 개인의 영욕은 서울대학교의 교육 이념에 비춰 볼 때 매우 바람직하지 않은 경우이며, 선발 대상이 되지 못한다.

다음은 김영훈이 한국대학교에 제출한 자기소개서의 일부다.

(…… 전략) 저는 주식에 투자해서 큰 손해를 본 적이 있습니다. 치밀한 포트폴리오를 짜지 않고, 무턱대고 특정 회사의 주식에만 투자했기 때문입니다.

원금을 반 이상 잃자 정신이 번쩍 들었습니다. 그 뒤로 저는 어떻게 하면 주식 투자를 잘할지 고민했고, 경제와 재무, 회계 등을 공부해야 할 필요성을 느꼈습니다. 그래서 경제와 재무, 회계 등 여러 책을 보다가 한국대학교의 경영학과 000교수님의 00책을 보았습니다. 이 책을 읽고 저는 포트폴리오 투자의 원리와 중요성을 쉽게 이해할 수 있었습니다. 그리고 마치 새로운 세상을 보는 듯 무한한 감동을 느꼈습니다.

그때부터 저는 한국대학교의 경영학과 진학을 꿈꾸었습니다. 한국대학교의 경영학과에는 000교수님을 비롯한 훌륭한 교수님이 많이 계십니다. 저는 이 교수님이야말로 제가 꿈을 이루는 데 결정적인 도움을 주시리라고 확신합니다.

한국대학교 경영학과에 진학하면 기업을 합리적으로 경영하는 법을 공부하고 싶습니다. 일전에 제가 투자했던 GH소프트가 단 한 번의 실수로 흔들리는 모습을 보았습니다. 당시 GH소프트가 직원관리를 제대로 하지 못했기 때문이었습니다. 저는 앞으로 합리적인 경영을 심도 있게 공부하여 기업을 상대로 경영지도와 상담을 하는 일을 할 계획입니다. 실무 경험을 많이 쌓은 다음에는 전문경영인으로 나서고 싶습니다. (…… 후략)

김영훈은 한국대학교에 지원하는 동기를 분명히 밝히고 있다. 그리고 목표와 진로 계획을 짜임새 있게 세우고, 포부와 열의를 솔직하게 표현했다. 이로 미루어 보건대, 김영훈은 한국대학교의 21세기 글로벌리더 육성이라는 교육 이념과 훌륭한 교수진을 갖춘 교육 여건에 부합하는 학생으로 높은 평가를 받으리라고 짐작된다.

### (2) 목표를 위한 활동을 본다

*지원한 모집단위에서 공부하기 위하여 어떤 노력을 해 왔는지 확인한다.*(지원한 모집단위와 관련된 타고난 특성(장점 · 단점)과 보완 · 발전시켜온 노력)

서울대학교는 자기소개서 2영역에서 "지원한 모집단위에서 공부하기 위하여 고등학교 재학기간 동안 어떤 노력들을 기울여 왔는지에 대해 학업능력, 특기능력, 모집단위 관련활동(자유전공학부 지원자의 경우 다양한 학문적 관심) 등을 중심으로 구체적으로 기술하여 주십시오(띄어쓰기를 포함하여 1000자 이내)."라고 요구한다. 이는 수험생이 설정한 목표가 타고난 특성과 비교하여 볼 때 적합한지, 수험생이 목표를 이루기 위해 어떤 노력을 해 왔는지를 확인하려는 목적이다.

같은 맥락에서 연세대학교는 "남들보다 뛰어나다고 생각하는 자신의 장점(특성 혹은 능력)과 보완 · 발전시켜야 할 단점(특성 혹은 능력)에 대하여 기술하십시오(자신의 장점을 발휘할 수 있었던 사례와, 단점을 극복하기 위해 기울인 노력이 있다면 구체적으로 설명하십시오)." 라고 요구한다.

서울대학교는 수험생이 모집단위에서 공부하기 위해 어떤 노력을 했는지 직접적으로 묻고 있다. 반면 연세대학교는 모집단위를 드러내 놓고 묻지 않지만, 수험생이 타고난 특성과 학업 능력에 비추어 모집단위와 관련된 특성과 활동을 묻는다고 해석해야 한다.

여기에서는 송선주의 자기소개서를 예로 들어보겠다.

저는 어릴 때부터 유난히 호기심이 많았습니다. '왜 개구리는 겨울잠을 잘까?', '정말 달걀을 따뜻하게 품어주면 병아리가 나올까?' 등 셀 수 없었지요. 부모님께 여쭤보기도 하고, 책을 찾아보기도 하고, 직접 실험해 보기도 했습니다. 달걀의 경우는 정말 에디슨처럼 이불을 뒤집어쓰고 직접 품어 보았습니다. 물론 실패했습니다. 이때 달걀에는 병아리가 되는 유정란과 병아리가 될 수 없는 무정란이 있다는 사실을 처음 알았습니다. 그리고 슈퍼마켓에서 사온 달걀은 무정란이라는 사실도 알았지요.

다행히 저희 부모님은 제 엉뚱한 호기심을 나무라지 않고, 늘 성심껏 답변해 주셨습니다. 때로는 함께 자료를 찾아 주시기도 했습니다.

그러던 어느 날, 저는 어머니와 산에 갔다가 우연히 네 잎 클로버를 발견했습니다. 문득 '보통 클로버는 잎이 세 장인데 왜 이 클로버는 네 장일까?' 라는 생각이 들었습니다. 결국 저는 네 잎 클로버에 대해 자세히 알고 싶어져 아예 뿌리째 캐 왔습니다. 집에 돌아와 화분에 심고, 베란다에서 키우면서 관련 책을 찾았습니다. 그리고 000라는 책에서 돌연변이는 유전이 되고, 네 잎 클로버는 돌연변이라는 내용을 읽었습니다. 그때 저는 네 잎 클로버를 본격적으로 길러 보기로 결심했고, 시간이 지나자 제 화분에는 꽤 많은 네 잎 클로버가 싱싱하게 자라났습니다.

이 일을 계기로 저는 달라졌습니다. 돌연변이 식물에 대해 공부하고, 틈만 나면 산과 들을 다니며 각종 식물을 채집해 왔습니다. 이처럼 식물의 종류와 생태를 살피다 보니 생물의 유전 분야에 그만 푹 빠져 버렸습니다. 그 덕분에 생물 경시대회에서 입상을 하기도 했습니다.

이제 저는 등산을 다니시는 아버지를 따라 높고 험한 산에 식물 채집을 하러 갈 예정입니다. 평소 운동을 즐겨 하지 않은 탓에 체력이 약하지만, 제 스스로 전국 곳곳을 누비며 원하는 식물을 채집하기 위해 요즘 달리기와 자전거 타기를 하며 체력을 키우고 있습니다. 앞으로도 저는 제가 원하는 일을 꾸준히 하기 위해 더 노력할 것입니다.

송선주는 자기소개서에서 모집단위와 관련된 선주의 특성과 활동을 잘 표현했다. 특히 장점을 발전시키고, 단점을 보완하기 위한 노력과 실천을 구체적으로 서술했다.

예시에는 없지만, 선주는 생물의 기초 연구를 위해 생물학과에 진학을 희망한다고 지원동기를 밝히고, 생물학을 공부한 다음에는 응용과학 분야로 유전공학을 연구하겠다고 향후 진로계획을 작성했다.

서울대학교처럼 지원동기와 진로계획을 따로 물을 때는 선주처럼 자기소개서 영역을 구분해 쓰고, 연세대학교처럼 따로 묻지 않을 때는 지원동기와 모집단위 관련활동, 진로계획 등을 함께 구성해서 써야 한다.

### (3) 수험생 주변의 환경을 본다

*가정, 학교, 지역 등 수험생 주변 환경과 수험생이 주변 환경에 적응해 온 과정을 확인하려 한다.*

서울대학교는 자기소개서 3영역에서 "가정환경(성장과정, 생활여건 등), 학교 및 지역환경, 고등학교 시절에 겪은 어려움 등 자기소개에 도움이 될 만한 사항이 있는 경우, 그 내용을 구체적으로 기술하여 주십시오."라고 요구한다. 이는 수험생이 자신에게 주어진 역할에 대한 책임감과 어려움을 이겨 낼 수 있는 의지와 끈기를 보려는 목적이다. 다른 대학들도 양식에 차이가 있지만 서울대학교와 비슷한 내용을 요구하고 있다.

다음 A와 B 학생의 예를 보고 대학이 어떤 학생을 선발할지 생각해 보자.

A 학생은 가정형편이 부유한 편으로 어려서부터 아무 부족함 없이 자랐다. 현재 전국에서 가장 교육열이 높은 지역에 살고 있으며 유명과학고에 다닌다. 학업능력이 뛰어나고 성실해서 부모님과 학교, 학원에서 기대를 많이 하고 있다.

호기심이 많고 책읽기를 좋아하는데 총 천연색 생물 도감을 보다가 생물학에 관심을 갖게 되었다. 현재 식물 탐사 캠프나 식물원 견학이 취미고, 교내 생물경시 동아리에서 활동하며 생물경시대회에서 최우수상을 받았다.

B 학생은 어릴 때부터 집안 형편이 어려워 부모님이 맞벌이를 하셨다. 그래서 B는 동생들과 시골 할머니 댁에서 자랐다. 워낙 집이 가난해 학원을 다니거나 과외를 받는 일은 꿈도 꿀 수 없었다. 늘 혼자 공부해야 했지만 B는 즐겁기만 했다. 억지로 시켜서 하는 공부가 아니라 자기가 좋아하는 분야를 공부했기 때문이다.

B가 사는 곳은 자연이 거의 훼손되지 않은 산골동네였다. B는 연로하신 할머니를 도와 집안일을 하고 동생들을 돌보는 틈틈이 산과 들을 다니며 신기한 식물들을 찾았다. 특히 B는 돌연변이 식물에 깊은 관심을 가졌다. 돌연변이 식물만 보면 뿌리째 캐서 화분에 심고 방 안에 두었다. 가끔 어머니가 B의 방을 보고, 식물 때문에 벌레가 꼬인다고 야단하셔도 B는 자기 보물이라며 해맑게 웃을 뿐이었다. 주말이면 B는 그동안 돌연변이 식물에 대해 기록한 관찰 노트를 들고 읍내 서점으로 간다. 그리고 서점에서 여러 책과 노트를 대조하며 궁금했던 부분을 하나씩 풀었다.

B는 돌연변이 식물 관찰뿐만 아니라 공부도 열심히 한다. 일반 고등학교 학생이지만 항상 내신 1등급을 유지하며, 예습과 복습을 단 한 번도 거르지 않는다. 중학교 때 공부를 잘하던 친구들은 특목고나 자사고로 진학했지만 B는 부럽지 않다. 비록 학원을 다니지 않지만 자연과 책에서 더 많은 사실을 배우기 때문이다.

효심이 깊은 B는 늘 가족들을 돕기 위해 애쓴다. 과거 아버지가 갑자기 일자리를 잃었을 때도, B는 불평 한 마디 없었다. 수업이 끝나면 동네 주유소에서 아르바이트를 했고, 번 돈을 모두 부모님에게 드렸다. 또한 열심히 키운 돌연변이 화분들을 팔아 꽤 많은 돈을 벌었다.

B는 꿈이 있다. 장차 최고의 생물학 박사가 되고 싶어 한다. 실제로 B는 평소 꾸준히 생물학 공부를 하고, 생물경시대회에서 장려상을 받았다. 당시 B의 학교에서는 정문 위에 플래카드를 걸었다. 조그만 시골 학교에서 B와 같은 우수한 학생이 나왔다며 모두 크게 기뻐했다.

이제 B는 한국대학교의 생물학과에 지원하려고 한다. B는 자기소개서에 지금까지 지내온 생활환경을 솔직하게 쓰고, 한국대학교의 대형 도서관에서 희귀한 생물학 책을 마음껏 보고 훌륭한 교수님들에게 지도를 받고 싶다는 소박한 꿈을 정성스럽게 적었다.

A와 B는 한국대학교의 생물학과에 지원했다. 두 사람은 자기소개서 1영역과 2영역의 내용이 거의 흡사하다. 만약 입학사정관들이 A와 B 가운데 한 학생을 뽑아야 한다면, 어느 쪽을 뽑을까?

대학은 경제적으로 부유하거나 불우한 가정환경을 중요하게 생각하지 않는다. 요는 열정과 의지, 끈기다. 대학은 어떠한 환경에서도 뚜렷한 목표를 가지고 꾸준히 노력해 온 학생을 높게 평가한다. B는 A보다 경제적으로 불우할지라도, 스스로 불우한 환경을 딛고 일어서려는 열정과 의지, 노력을 두루 갖춘 학생이다. 두말할 필요 없이 입학사정관들은 B를 뽑을 것이다.

여기서 중요한 사실은 대학마다 요구하는 자기소개서의 양식이 다를지라도 결국 내용에는 별 차이가 없다는 점이다. 따라서 자기소개서에 필요한 기본적인 내용을 수험생이 각자 자신의 상황에 맞게 정리해 두면, 어떤 대학에 지원하든 좋은 자기소개서를 쓸 수 있다.

그럼 실제 09학번 서울대학교 경영학과 특기자전형에 합격한 김남백 군의 자기소개서를 참조해 보자.

1. 지원동기와 진로계획을 중심으로 우리 대학교가 특기자전형에서 지원자를 선발해야 하는 이유에 대해서 띄어쓰기를 포함하여 1,000자 이내로 기술하여 주십시오.

저는 네 살 때 아빠를 따라 서울대 세미나에 참석한 적이 있다고 합니다. 영어로 진행되는 세미나였기에 알아들을 리 없는 저는 세미나가 시작되자 잠이 들었지만 그런 저를 한 교수님께서는 서울대 최연소 세미나 참석자라며 머리를 쓰다듬어 주셨다고 합니다. 물론 그때 일은 전혀 기억에 없지만 부모님께 그때의 일을 전해 들으며 저는 서울대 진학의 꿈을 갖고 자라게 되었습니다.

제가 경영대학에 지원하게 된 동기는 CFO가 되고 싶기 때문입니다. 제가 CFO가 되기로 결심한 가장 큰 동기는 우리나라의 금융 산업이 선진국에 비해 크게 뒤떨어져 있다는 것을 알게 되었기 때문입니다. 현대자동차가 1년 동안 벌어들인 이윤보다 미국의 금융회사가 우리나라 금융시장에서 벌어들인 수익이 더 많다는 사실은 경악 그 자체였습니다.

자동차를 만들기 위해 투자하는 인력, 기술 등의 비용과 금융 산업에 필요한 비용을 비교해 볼 때, 금융 산업이 이윤을 더 많이 벌어들인다는 것을 쉽게 납득할 수 없었기 때문입니다. 우리나라의 금융 산업이 발전되지 않으면 아무리 다른 산업분야가 발전한다고 해도 큰 성과가 없다는 것을 깨닫고 우리나라의 금융 산업을 이끌어 나가고 싶다는 꿈을 갖게 되었습니다.

제가 경영대학에 입학하게 된다면, 저는 우선 재무 분야 관련 지식을 쌓고 경영학을 좀 더 구체적으로 학습하여 CFO가 되기 위한 기초를 닦을 것입니다. 그리고 동아시아 지역 금융 산업의 문제점이라 할 수 있는 금융통합과 관련된 연구를 할 계획입니다. 지금은 금융의 중심이 월가이지만 제가 사회에 나가게 되는 10년 후면 중국의 금융시장도 많은 발전이 있을 것이라 생각됩니다. 그렇기 때문에 중국에 관한 공부도 함께 할 예정입니다.

어릴 때부터 저를 향한 엄마의 기도는 5,000만을 먹여 살릴 수 있는 세계적 지도자가 되는 것입니다. 좀 황당한 기도라 비난받을 수도 있지만 저는 그 꿈을 사랑하고 그 꿈을 이루기 위해 노력할 것입니다. 제 능력을 저만을 위해 쓰지 않고 남을 위해 쓸 수 있도록 노력하겠습니다.

2. 지원한 모집단위에서 공부하기 위하여 고등학교 재학기간 동안 어떤 노력들을 기울여 왔는지에 대해 학업능력, 특기능력, 모집단위 관련활동(자유전공학부 지원자의 경우 다양한 학문적 관심) 등을 중심으로 구체적으로 기술하여 주십시오(띄어쓰기를 포함하여 1000자 이내).

(고등학교 재학경험이 없거나, 졸업한 지 오래된 경우에는 최근 3년간의 활동을 중심으로 기술하면 됩니다.)

저는 서울대 경영대학에 진학하기 위해 우선 학과 공부에 충실했습니다. 성적이 좋아야 진학할 수 있기 때문이고 언제나 자신이 해야 할 일을 성실히 하는 게 중요하다고 생각했기 때문입니다. 1학년 때는 내신등급이 1.32 등급으로 그다지 좋지 않았으나 꾸준히 노력한 결과 2학년 때는 1.17 등급, 3학년 때는 1.13등급까지 올리게 되었습니다. 3학년 1학기까지의 내신을 1.2등급으로 마무리하였고 전체 2등으로 지역균형 선발순위에 들기도 했습니다.

글로벌 경영인이 되기 위해서는 외국어 실력이 뛰어나야 한다고 생각했기 때문에 특별히 영어 공부에 충실했습니다. 우선 TEPS 성적을 올리기 위해 노력했고 897점을 받았습니다. 그러나 의사소통 능력이 중요하기 때문에 newsweek지를 꾸준히 읽었고 전화영어로 원어민과 책, 영자신문 등을 읽고 이야기를 나누며 회화 공부도 충실히 했습니다. CNN뉴스를 mp3에 담아 들고 다니며 듣기도 했고 유명한 영어 연설문을 외우기도 했습니다. 비록 외국 체류 경험은 없지만 웬만한 의사소통에는 별 무리가 없습니다.

경제, 경영에 대한 지식을 쌓기 위해 금융경시대회, 증권경시대회 등을 준비했는데 금융경시대회에서는 2등을 하였습니다. 증권경시대회는 수상은 못했지만 준비하는 동안 교과서 이외의 지식을 접할 수 있었습니다. 경제경영 관련 기사도 지식을 쌓는데 도움이 되었습니다. 또한 교내외 다양한 활동에 참여했는데 이는 지적인 능력만큼 리더십이나 인간관계도 매우 중요하다는 것을 깨닫게 해 주었습니다. 3년간 임원으로 활동하였고, 영자신문반을 만들었습니다. 초대 편집장으로 영자신문을 만든 것은 제게 특별한 의미를 갖습니다. 이외에도 여러 가지 봉사활동에 참여했는데 봉사의 기쁨만 아니라 활동을 통해 만난 사람들을 통해 더 많은 것을 깨닫게 되었습니다.

건강과 체력관리를 위해 3년간 자전거로 학교에 다녔고 수영과 농구를 즐겨 했습니다. 피아노, 플루트도 배웠는데 이는 끈기를 갖는데 도움을 주었고 여가시간을 잘 활용할 수 있게 해 주었습니다.

3. 가정환경(성장과정, 생활여건 등), 학교 및 지역환경, 고등학교 시절에 겪은 어려움 등 자기소개에 도움이 될 만한 사항이 있는 경우, 그 내용을 구체적으로 기술하여 주십시오(띄어쓰기를 포함하여 1000자 이내).

(소년 · 소녀 가정의 경우, 반드시 지방자치단체에서 발행한 소년 · 소녀 가정 확인서를 제출하여야 합니다.)

부모님께서 맞벌이를 하셔서 어렸을 때 저는 할머니 할아버지가 돌봐 주셨습니다. 할머니 할아버지와 함께 지내는 동안 저는 그 분들의 온화하고 여유로우며 남을 배려하는 품성을 닮게 된 것 같아 참 감사하게 생각합니다. 연세가 많으심에도 불구하고 다양한 경험을 할 수 있도록 배려하셨고 사랑해 주셨던 두 분. 그런 할머니께서 7년 전 사고로 뇌를 다치셔서 지금까지 병석에 계십니다. 뇌를 다치셨기 때문에 방금 전의 일도 기억 못하시는 할머니가 저만 보시면 손을 잡고 눈물을 흘리시는 걸 보면 참 마음이 아픕니다. 할머니 간병으로 직장일로 부모님이 바쁘셨기 때문에 저에게 신경 쓸 여유가 없으셨는데 이것이 오히려 제 스스로 계획하고 실천하는 좋은 습관을 갖게 했다고 봅니다.

부모님은 늘 바쁘셨지만 제게 다양한 경험을 할 수 있도록 배려하셨습니다. 여행, 전시회, 공연관람, 독서 등을 골고루 할 수 있게 하셨고 수영이나 피아노, 플루트 등 취미 생활을 할 수 있도록 해 주셨습니다. 이런 모든 경험들은 장차 제가 살아가는 동안 큰 밑거름이 될 거라 믿습니다.

해외근무를 하시는 고모부 또한 저의 목표에 자극이 되었습니다. 태국과 중국을 오가며 해외근무를 하는 고모부의 모습은 저에게 글로벌 경영인이 되고 싶다는 꿈을 더욱 강하게 했고 외국에서 학교를 다니며 다양한 활동을 하는 사촌들의 모습을 보며 저 또한 세계를 누비는 리더가 되고 싶다는 생각을 하게 되었습니다.

또한 초등학교 때부터 지금까지 저를 이끌어 주신 선생님들의 가르침도 잊을 수가 없습니다. 극도의 슬럼프에 빠졌을 때 이길 수 있도록 옆에서 묵묵히 지켜봐 주시며 이끌어 주신 선생님. 인생의 참된 의미와 나누는 삶의 소중함을 깨닫게 해 주신 선생님. 삶을 긍정적으로 바라보며 최선을 다하는 삶의 소중함을 가르쳐 주신 선생님들과 저의 인생에 많은 도움과 가르침을 주신 많은 분들께 감사하며 그분들의 기대에 어긋나지 않는 사람이 되고 싶습니다.

4. 교내·외 활동 중 대표적인 활동을 5개 이내로 기술하고, 이런 활동이 지원자에게 어떤 의미가 있었는지 기술하여 주십시오(띄어쓰기를 포함하여 각 활동별로 250자 이내).

(봉사활동을 포함하여 지원자의 임원활동, 동아리 활동, 연구활동 등을 기재하고, 학교생활기록부에 기록되어 있지 않은 내용은 반드시 증빙서류를 첨부해야 합니다. 단, 연구활동, 작품출판 등은 학교생활기록부에 내용이 기재된 경우에도 해당 원본을 제출하십시오.)

| | 활동 내용 및 느낀 점 |
|---|---|
| 활동명 : 봉사활동<br>(다일복지재단 의료봉사활동)<br><br>활동 기간:<br>2007년1월~ 2007년2월 | 다일복지재단에서 하는 의료봉사에 참가했습니다. 캄보디아 몬딜끼리라는 곳으로 갔는데 프놈펜에서 버스로 7시간 넘게 가야 하는 곳으로 굶주림과 병으로 가득한 곳이었습니다. 그곳에서 의료진 보조, 통역 등을 했으며 300여 명분의 밥을 짓고 나눠 주기도 했습니다. 그곳에서 만난 치과 의사부부가 부와 안정된 생활을 버리고 봉사하는 모습을 보며 봉사란 일시적으로 내 기분에 따라 하는 것이 아니라 사랑을 갖고 지속적으로 해야 한다는 것을 깨닫게 되었습니다. |
| 활동명 : 봉사활동<br>(독거노인 도시락 배달)<br><br>활동 기간:<br>2007년3월 ~2008년 5월 | 꾸준히 봉사활동을 해야겠다고 생각하던 차에 선생님의 소개로 도시락 배달을 하게 되었습니다. 혼자 사시는 어르신들께 도시락을 배달하는 일로 토요일마다 빠지지 않고, 특히 시험기간에도 꾸준히 해야 한다는 게 쉽지는 않았습니다. 지하방에서 고맙다며 도시락을 받으시지만, 어린 나에게 누추한 살림살이를 보여야 하는 할머니들의 표정에서 참된 봉사란 무언가? 주는 것도 중요하지만 그분들의 입장과 마음을 헤아릴 줄 알아야 한다는 것도 깨닫게 되었습니다. |
| 활동명 : 동아리활동<br>(영자신문)<br><br>활동 기간:<br>2007년3월 ~2008년 현재 | '영자신문반'을 처음 만든 거라 어려움이 많았습니다. 부원 모집에서부터 발간까지 쉬운 일이 하나도 없었습니다. 영어에 대한 두려움 때문에 부원이 모아지지도 않았고 학교 예산이 잡혀 있지 않아 발간 비용 마련도 만만치 않았습니다. 동아리에 갈등이 있을 때마다 괜히 시작했다는 후회가 들기도 했지만 발간하는 과정에서 저는 학과수업으로는 얻을 수 없는 리더십과 위기 대처능력을 배웠고 어떻게 하면 팀원들과 잘 협력할 수 있는지도 배우게 되었습니다. |
| 활동명 : 동아리활동<br>(한국 청소년 연맹)<br><br>활동 기간:<br>2007년3월 ~ 2008년 현재 | 가장 인상에 남는 활동은 충남 송악으로 농촌 봉사활동을 갔던 일입니다. 동네 청소와 고추 따기, 김매기, 하천 정리 등을 했습니다. 고추 따기와 김매기는 처음 해 보는 일이라 신기하기도 했지만 허리가 많이 아팠습니다. 또한 한국에 온 중국학생들을 초대, 안내한 적이 있는데 말이 통하지 않아 한자로 필담을 나누었습니다. 비록 말이 통하지 않더라도 서로의 마음을 나누는 것이 어쩌면 세계화 시대에 꼭 필요한 일일 것이라는 생각을 했습니다. |
| 활동명 : 임원활동<br><br>활동 기간:<br>2006년 3월 ~ 2008년 현재 | 1학년 때는 학급 부반장, 2,3학년 때는 반장으로 활동했습니다. 공부 때문에 임원을 한다는 것이 부담스럽고 힘들 거라고 생각했는데 친구들의 도움으로 즐거운 마음으로 임원의 역할을 수행할 수 있었습니다. 임원을 하면서 어느 한 사람의 능력이 뛰어나더라도 주위 사람들이 도와주지 않으면 일하기가 어렵다는 것과 사람과 사람 사이의 관계가 얼마나 중요한지 깨닫는 계기가 되었습니다. 1,2학년 때에는 전교 학생회장 선거관리위원으로 활동하기도 하였습니다. |

5. 자신이 읽었던 책들 가운데 가장 인상 깊었던 책 3권을 선택하고, 그 책을 선택한 이유를 기술하여 주십시오(띄어쓰기를 포함하여 각 도서별로 500자 이내).

| 도서명/ 저자/ 출판사 | | 선택 이유 및 느낀 점 |
|---|---|---|
| 도 서 명<br>저 자<br>출 판 사 | 페르마의 마지막 정리<br>지은이 : 사이먼 싱<br>옮긴이 : 박병철<br>영림카디널 | 수학을 약간 어려워하던 저는 이 책을 계기로 수학을 무척 좋아하게 되었습니다. 이 책은 우리가 잘 알고 있는 피타고라스의 정리부터 페르마의 정리까지 여러 수학자들이 난제를 해결하는 과정을 보여 주고 있습니다. 특히, 이 책은 앤드루 와일즈가 페르마의 정리를 증명해 내는 과정을 담고 있는데, 앤드루 와일즈는 열 살 때 〈페르마의 마지막 정리〉에 관한 책을 읽은 뒤 이 〈정리〉를 증명하는 것을 인생의 목표로 삼게 되었다고 합니다. 와일즈가 증명을 위해 보낸 실질적 시간은 7~8년이라고 하지만 그가 목표로 삼을 때부터 계산해 보면 이 증명을 위해 거의 반평생을 바친 셈입니다. 책에 나와 있는 열 살의 와일즈는 천진난만한 소년의 모습에 불과한데 그가 이 증명을 위해 시간을 바친 이유는 아마도 진리를 탐구하려는 불타는 열정 때문이었을 것이라고 생각합니다. 무엇을 하든지 그 분야에 자신을 몰입하고 열정을 받칠 수 있는 삶은 정말 가치 있고 살아볼 만한 것이라는 걸 깨닫게 되었습니다. |
| 도 서 명<br>저 자<br>출 판 사 | 사회를 보는 논리<br>김찬호<br>문학과 지성사 | 예전에는 신문기사를 그냥 대충 읽는 수준이었다면, 이 책을 읽은 후로는 기사하나를 읽더라도 좀 더 비판적으로 보는 습관이 생겼습니다. 이 책에서 특히 놀라웠던 것은 우리가 객관적인 자료라고 믿고 있는 통계가 객관적이지 못하며, 그 통계의 맹신이 가져올 수 있는 폐해가 심각하다는 점입니다. 또 사람들은 통계를 악용하여 얼마든지 사실과 다른 주장을 만들어 낼 수 있다는 것 또한 저를 놀라게 했습니다. 이 책은 우리 사회의 문제, 예를 들어 우리나라의 결혼문제를 체면의식으로 설명함으로써 사회적 문제를 바라보는 틀에 대해서도 신선한 충격을 주었습니다. 이 책은 환경문제, 정보사회의 특징, 세계화 시대의 우리 모습 등 다양한 주제를 다루고 있어 사회적 안목을 기르고 사회현상을 분석하는 데 도움을 주는 책입니다. 사회적 안목이나 분석력은 학과공부를 하는 데 꼭 필요한 능력이기에 이 책은 학과공부에도 도움이 되는 책이라고 생각합니다. |
| 도 서 명<br>저 자<br>출 판 사 | 꽃들에게 희망을<br>트리나 폴러스 지음<br>김미정 옮김<br>하서 | 글씨 반, 그림 반인 책! 어떤 페이지엔 몇 글자 되지도 않는 책이 이토록 사람의 마음을 움직일 수 있다는 것에 감동을 받았습니다. 이 책은 애벌레가 나비가 되어가는 과정을 담고 있습니다. 저는 이 책을 읽고 의미 있는 삶과 자아실현에 대해 많은 고민을 하게 되었습니다. 어쩌면 그 꼭대기로 올라가기 위해 애쓰는 애벌레의 모습이 저의 모습은 아닐지. 애벌레의 모습을 통해 무의미한 경쟁은 남의 삶을 파괴하고 결국 자신의 삶까지 허무로 몰아간다는 것을 깨닫게 되었습니다. 그리고 경쟁은 그 경쟁이 추구하는 목표가 바람직한 것일 때에만 의미가 있다는 것도 알게 되었습니다. 또 이 책은 자아실현을 위해서는 내적성숙이 필요하며 그 성숙해 가는 과정의 시련을 잘 견뎌내야 자아실현이 가능하다는 것을 말해 주고 있습니다. 저도 CFO가 되기 위해서는 올바른 목표의식의 설정과 바람직한 경쟁, 또 시련을 견뎌내는 성숙의 과정이 필요하다는 것을 알게 되었습니다. |

〈연세대, 외국어대, 이대 자기소개서 양식, 별첨 6참조〉

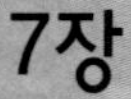

# 7장

# 추 천 서

## 대학이 추천서를 필요로 하는 이유

대학이 추천서를 받으려는 가장 중요한 이유는, 추천서가 수험생이 제출한 자기소개서의 진위 여부를 확인하는 주요 수단이기 때문이다. 대학은 자기소개서와 추천서, 수험생의 각종 활동 자료를 비교 검토한다. 그리고 최종적으로 면접을 통해 확인하고 합격 여부를 결정한다. 서울대학교는 보다 면밀한 확인이 필요할 경우, 직접 방문해서 확인한다고 한다.

## 추천인의 자격

소속 고등학교 선생님이나 교장 선생님이 추천인으로 바람직하다. 만약 그러기 어렵다면 수험생을 6개월 이상 지켜 본 사람이 작성해도 된다. 단, 지원하는 대학교 교직원, 학원 강사 및 학원장, 과외 지도교사, 본인, 가족, 친척, 친구는 추천인 대상에서 제외하고 있다.

추천인은 수험생이 지원하는 대학교에서 추천서의 내용 확인을 요청해 올 경우, 적극적으로 협조해 줄 수 있어야 한다.

## 03 추천서의 내용과 작성 준비

추천서의 내용은 자기소개서의 내용과 일치해야 한다. 학교생활기록부나 별도로 준비한 증빙서류들과도 내용이 어긋나면 안 된다. 따라서 추천서를 작성할 때는 먼저 학생이 지원하는 대학의 자기소개서 양식에 따라 자기소개서를 작성하고 추천인에게 준다. 그리고 추천인이 학생이 작성한 자기소개서를 참조하여 추천서를 쓰면 내용상 오류가 없고, 학생에게 필요한 부분이 빠짐없이 들어갈 수 있다.

## 04 추천서의 형식

추천서는 수험생에 대한 평가 자료다. 추상적인 단어나 미사여구를 배제하고, 구체적이고 객관적인 사실에 입각하여 간결하고 명확하게 작성해야 한다. 지원자의 이름과 출신고등학교 이름을 기록하면 안 된다.

서울대학교의 추천서 양식을 살펴보면, 자기소개서의 양식과 매우 흡사하다. 추천서와 자기소개서를 쉽게 비교하려는 목적이다.

### 서울대학교의 추천서 양식 해설

① 서울대학교는 첫 번째 항목에서 수험생이 어떤 환경에서 모집단위에 지원하게 되었는지 확인하려 한다.

추천서 내용

지원자의 재학/출신 고등학교의 특징적인 교육 방침 또는 교육 과정 등을 기술하여 주십시오. (고등학교 재학 경험이 없거나 중퇴한 경우 지원자의 학업 과정 또는 추천 동기 등을 기술하셔도 됩니다.)

② 두 번째 항목에서는 자기소개서의 2영역 내용을 추천인을 통해서 확인하려 한다.

자기소개서 내용

지원한 모집단위에서 공부하기 위하여 고등학교 재학 기간 동안 어떤 노력들을 기울여 왔는지에 대해 학업능력, 특기능력, 모집단위 관련활동(자유전공학부지원자의 경우 다양한 학문적 관심) 등을 중심으로 구체적으로 기술하여 주십시오.

추천서 내용

지원자의 학습태도, 학습능력과 잠재력, 지원 모집단위 관련 특기능력, 관심, 열정 등에 관하여 기술하여 주십시오.

③ 세 번째와 네 번째 항목에서도 자기소개서의 3영역 내용을 추천인을 통해 확인하려 한다.

자기소개서 내용

가정환경(성장 과정, 생활 여건 등), 학교 및 지역환경, 고등학교 시절에 겪은 어려움 등 자기소개에 도움이 될 만한 사항 있는 경우, 그 내용을 구체적으로 기술하여 주십시오.

추천서 내용

ㄱ) 교내외 활동에서 나타난 지원자의 개인적 특성(봉사성, 공동체의식, 리더십 등)을 중심으로 지원자가 우리 대학교와 사회에 어떻게 기여할 수 있을지를 기술하여 주십시오.

ㄴ) 지원자의 가정환경(성장 과정, 생활 여건 등), 학교 및 지역환경 등과 관련하여 평가 시 고려할 만한 사항이 있는 경우, 그 내용을 구체적으로 기술하여 주십시오.

〈서울대, 연세대 추천서 양식 별첨 7 참조〉

# 8장 대학교육협의회의 입학사정관제 권고사항

대학교육협의회에서는 입학사정관제를 시행할 때 공정성과 신뢰성을 높이기 위해 각 대학이 공통으로 지켜야 할 전형 절차와 전형 요소를 예를 들어서 요구한다. 먼저 전형 절차는 최소 4단계 이상 절차를 밟도록 기준을 정하고 그 예를 들었다.

*첫째, 사전공지 단계를 반드시 요구하고 있다.*

대학은 입학을 원하는 모든 학생에게 대학이 학생들을 선발하려는 목적, 원하는 학생상, 학생 선발기준 등 기본적인 안내 자료를 미리 알려야 한다. 이러한 사실을 알리지 않고 은밀히 학생들을 뽑으면 안 된다.

*둘째, 서류심사 단계를 예로 들고 있다.*

수험생이 대학에서 요구하는 자격을 갖추었는지 각종 서류를 통해 검토하도록 요구한다. 학교생활을 객관적으로 기록한 학교생활기록부와 학생 스스로 관심사와 지원동기, 그동안 노력해 온 과정 등을 소개하는 자기소개서, 선생님이나 학생을 잘 아는 사람들이 쓴 추천서, 대학 교육 이수 능력을 평가하는 수학능력시험 성적 등을 종합적으로 비교하고 검토해서 심사해야 바람직하다고 명시한다.

*셋째, 심층면접과 토론 단계를 예를 들고 있다.*

심층면접과 토론 단계에서는 수험생이 지원한 전공과 적성의 일치하는지, 올바른 인성과 원만한 대인관계를 가졌는지, 학업에 대한 생각과 태도는 어떠한지, 소질과 잠재력은 어느 정도인지, 주변 교육 환경이 제대로 갖춰졌는지 등 다양한 부분을 실질적으로 확인하도록 하고 있다.

*넷째, 합격자결정 단계다.*

합격자를 결정할 때는 대학교육협의회가 정한 기본적인 기준에 맞추되 학교의 특성을 살려서 학생들을 선발하도록 하고 있다.

다음은 대학교육협의회가 대학들에게 입학사정관제 전형에서 공통적으로 요구하는 전형 요소다.

- 학생의 특성이 대학 설립 이념과 교육 이념, 학생이 지원한 학과 특성에 잘 어울리는가.
- 학생이 성장한 교육 및 가정환경, 출신 고교의 교육 여건 등이 어떠한가.

대학교육협의회는 이밖에도 여러 전형 요소를 두루 반영하여 평가하도록 하고 있다.

아무리 좋은 제도도 운영을 잘못하면 좋은 결과를 내지 못한다. 대학교육협의회는 대학에게 공정하고 믿을 수 있는 절차와 반드시 고려해야 할 요소를 요구할 뿐만 아니라 대학별로 입학사정관 윤리 규정을 제정하고, 입학전형관리위원회나 감사위원회 등을 통해 입학사정관들의 공정한 일처리를 감시하는 제도 마련을 권고하고 있다.

대학교육협의회는 해마다 각 대학이 학생 선발활동을 하기 전에 대학별 입학사정관제 실시 계획을 모아 발표하겠다고 밝혔다. 이와 더불어 입학사정관제 홈페이지를 만들어서 입학사정관제에 대해 학생과 학부모가 이해할 수 있게 충분한 설명과 대학별 학생 선발 계획 및 홍보 자료 등을 제공할 계획이라고 한다. 또한 대학상담 전용 콜센터에서 입학사정관제 관련 상담을 받는다고 한다.

결국 전국 4년제 대학들이 모두 모인 대학교육협의회가 입학사정관제를 정착시키기 위해 이토록 애쓴다는 사실은 대학이 원하는 학생을 찾는 가장 좋은 방법으로 입학사정관제를 선택했다는 의미다.

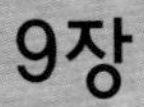

# 9장

# 외국대학교 사례

미국의 대표적인 명문 대학인 하버드대학교와 예일대학교는 입학사정관제를 통해 학생을 선발한다. 두 대학교가 학생을 선발하는 요건과 과정을 살펴보자.

## 01 전인적인 학생을 원하는 대학 – 하버드대학교

### 1) 하버드대학교는 모든 분야에서 골고루 잘하는(wellrounded;균형 잡힌)학생을 원한다

하버드대학교는 liberal arts college라고 한다. 다양한 학문을 두루 접하면서 교양 있는 인재로 육성하는 것을 교육 이념으로 삼고 있다. 따라서 하버드대학교는 특정 과목을 월등히 잘해도 다른 과목을 소홀히 했거나 남들만큼 한 정도라면 본교의 교육 이념과 맞지 않는다고 판단하여 선발하지 않는다.

다시 말해, 하버드대학교는 'wellrounded' 즉 다양한 학문에 흥미를 느끼고 도전하는 학생을 원한다. 물론 그렇다고 이런저런 과외활동을 잔뜩 하라는 이야기가 아니다. 장기는 하나여도 좋으나 다양성을 가지라는 의미다.

실제로 하버드대학교 학생들은 캠퍼스 활동뿐만 아니라 시, 주정부 산하의 기관 등 많은 곳에서 각자 많은 시간을 할애해 기여하고 있다.

### 2) 다양한 학문을 접하면 전문성을 익히는 데 도움이 된다

하버드대학교는 이른 나이부터 전문 분야만 고집하기보다 다양한 분야를 고루 접해야 바람직하다고 생각한다. 과학을 이해하는 변호사, 시와 예술을 즐기는 의사 등이 바로 하버드대학교가 육성하고자 하는 인재다.

### 3) 지적능력보다 정서적 잠재력이 뛰어난 학생을 우선 선발한다

예를 들어, 두 학생이 다른 분야에서 거의 비슷한 수준이라면 지적능력보다 정서적 잠재력이 뛰어난 학생이 더 높은 평가를 받는다. 하버드대학교는 주어진 틀 안에서 기계적으로 움직이는 학생을 원하지 않는다. 객관적 지적능력이 떨어진다고 해도, 자율성과 책임감 등 정서적 잠재력이 뛰어난 학생을 우선적으로 선발한다. 실제로 하버드대학교는 화려한 과외활동을 한 학생보다 스스로 아르바이트를 하며 용돈을 번 학생을 높게 평가한다.

### 4) 지원서 심사 과정에서 기타 참고사항

학교성적, 과외활동 등 학생들이 어떻게 고교생활을 보냈는지 살펴본다. 특히 효율적인 시간관리 여부를 중요하게 평가한다.

학생이 직접 쓴 에세이를 보고, 어떤 환경에서 어떤 생각과 태도로 지냈으며 주변 사람들과 어떤 관계를 형성했는지를 주의 깊게 살핀다. 그리고 교사 혹은 주변 어른들이 쓴 추천서를 통해 에세이에서 드러난 학생의 모습과 비교, 검토한다. 하버드대학교 측의 말을 따르면, 학생이 가지고 있는 잠재력이 어느 정도 지원서를 통해 확인할 수 있다. 무궁무진한 잠재력이 느껴지는 지원서가 있는 반면 지원자의 한계가 드러나는 지원서도 있다고 한다.

### 5) 하버드대학교의 입학사정관들이 학생을 선발하는 과정

우선 하버드대학교 측에 전달된 지원서는 각 지역별 입학사정관담당자에게 전달된다. 그리고 각 분야별 전문인으로 구성된 서브커미티의 공동 심사를 통해 클럽 활동이나 예술적 능력을 평가받는다. 서브커미티에서 전체 의견을 모아 합격자, 대기자, 불합격자를 판정하고 대기자 명단에 오른 학생은 추후 추가 제공하는 자료를 바탕으로 재심을 받을 수 있다.

## 02 특별한 재능을 가진 학생을 원하는 대학 – 예일대학교

### 1) 예일대학교는 전문적인 분야에서 자신 있는 학생을 원한다

예일대학교는 학생의 개인적 특성에 주목한다. 따라서 SAT II 시험에서 가장 자신 있는 과목을 집중해서 선택해도 좋다. 예를 들어 수학에 자신 있는 학생은 수학 과목을 많이 선택해도 좋고 외국어나 과학 등도 마찬가지다. 한인 학생인 경우, SAT II에서  한국어 시험을 쳐도 무방하다. 자신의 강점과 특기를 최대한 이용하기를 권한다. 이러한 점이 여러 가지를 균형 있게 잘하는 학생을 선발하려는 하버드대학교의 차이점이다.

### 2) 자기가 특별히 잘하는 분야에 집중해야 전문성을 익힐 수 있다고 본다

예일대학교는 학생이 가진 특기 분야에 주목한다. 그래야 학생이 전문성을 익히는 데 도움이 되리라고 본다. 앞서 예를 들었다시피 한인 학생이 SAT 한국어 시험을 쳐도 무방하다. 만약 하버드대학교에서 한인 학생이 SAT II 에서 한국어 시험을 선택해서 친다면 과히 좋게 보지 않으며, 만점이 아니라면 오히려 불리한 평가를 받게 된다.

### 3) 지적능력보다 정서적인 잠재력이 우수한 학생을 우선 선발한다

예일대학교도 하버드대학교와 마찬가지로 정서적인 잠재력이 우수한 학생을 높게 평가한다. 물론 이때는 기본적인 학업성적이 크게 차이나지 않고 비슷한 수준이라는 전제를 둔다는 사실을 간과하면 안 된다.

### 4) 지원서 심사 과정에서 참고 사항

① GPA (내신학업능력)

예일대학교에 지원할 수 있는 GPA 제한 선은 없다. 단 해당 고교에서 제공하는 가장 높은 수준의 과목을 우수한 성적으로 이수해야 한다. 이때 학생은 스스로 자기능력을 파악해 감당할 수 있을 만큼 과목을 선택해야 하고, 좋은 성적을 받아야 한다. 무리하게 AP과목을 많이 선택해서 평균 B를 받느니, 3~4개 선택해서 모두 A이상을 받는 편이 현명하다.

지원서에는 11학년 점수까지 기입하지만 나중에 12학년 2학기 점수까지 제출할 수 있으며, 12학년 점수가 좋지 않으면 합격 결정이 취소될 수도 있다. 우리나라 대학에서 수능최저학력 기준을 적용하는 것과 같다.

② 수학능력시험성적

SAT I 과 SAT II 점수를 반드시 제출해야 한다. SAT II에서는 세 과목의 시험을 쳐야 한다. 단 예일대학교는 다른 대학과 달리 ACT 시험에 응시한 학생은 SAT I & II 시험이 모두 면제된다. SAT시험에 여러 번 응시했다면 과목에 따라 가장 높은 점수를 선택해 심사에 이용한다. 예를 들어 작문은 3월 점수, 수학은 5월 점수, 독해력은 6월 점수를 쓸 수 있다.

③ 특별활동

학교성적 외에 학생이 고교 4년 동안 어떤 목표를 가지고 어떻게 지냈는지를 볼 수 있는 부분이다. 봉사활동과 특기활동을 다 해도 좋지만, 봉사활동을 전혀 하지 못했다고 해도 특기활동에 힘썼다면 충분히 좋은 평가를 받을 수 있다. 반대로 아무 특기활동이 없어도 커뮤니티 봉사를 열정적으로 했다면 역시 좋은 평가를 받을 수 있다. 심사에서는 학생이 봉사활동 또는 특기활동으로 주변에 어떠한 영향을 주었는지를 중요하게 평가한다.

### 5) 예일대학교의 입학사정관들이 학생을 선발하는 과정

예일대학교 측에 전달된 지원서는 보통 입학사정관 두세 명이 심사하며, 전체 회의를 통해 합격여부가 결정된다. 지원서는 GPA성적(내신학업능력), 특별활동, 추천서, 에세이 순으로 중요하게 평가된다.

# 10장

# 대학별 입학사정관 정책

## 가톨릭대

### 입학사정관 정책

가톨릭대학교는 '인간 존중의 대학'을 건학이념으로, '세계적 수준의 가톨릭계 대학'과 '인간 존중의 사회 구현을 위한 참 교육의 실현'을 발전 비전으로 삼고 있다. 이러한 건학이념을 실현하기 위해 가톨릭대학 입학사정관은 자신을 성장시키는 데 노력을 아끼지 않는 열정적이고 창조적인 신입생을 선발하고 있다.

가톨릭대학 입학사정관 전형에 지원하는 학생은 우선 자신이 정말 하고 싶은 분야가 무엇인지 진지하게 고민해 볼 것을 권한다. 자신이 원하는 분야에서 학생신분으로 할 수 있는 활동들이 무엇이 있는지 관심을 갖고 찾아보면 너무나도 좋은 기회가 많이 있다. 가톨릭대 입학사정관은 포트폴리오를 요구하지 않는다. 그보다는 고교시절의 다양한 활동들이 학교생활기록부에 담기기를 기대한다.

외부 수상활동이 있다면 교사에게 먼저 이야기하고 학생부에 기록되기를, 또 봉사활동의 내용을 혼자만의 활동으로 남겨 두는 것이 아니라, 교사에게 전달하고 그 내용을 학생부에 담는 게 좋다. 교사의 관찰에 의해 진실하고 풍부한 내용이 담긴 학생부가 구성되면서 고교교육의 내실화에도 입학사정관제가 기여하리라 본다. 입학사정관들은 이런 내면적 성찰과 성숙을 통해 자신의 잠재력을 스스로 찾아 온 학생들을 발굴해 낼 것이다.

## 건국대

### 입학사정관 정책

건국대 입학사정관제 평가요소의 기본은 지원자의 학생부라며 그동안 대학입시에서 무시당하던 학생부의 비교과영역에 대한 평가를 강화하겠다고 말했다. 이것은 지원자의 잠재력을 학생부의 교과영역과 연결시켜 그 가능성을 가늠해 보며, 지원자가 지원한 전공적성과 일치하는지 꼼꼼히 살펴보겠다는 것이다. 하지만 아직 학생부의 비교과영역에 대한 기록이 충실치 못할 우려가 있기 때문에 선생님의 추천서로 보완하고 또 필요하면 고교 현장을 방문하여 해당 고교에서 중점적으로 교육시키는 특성화 교육까지 고려하면서 지원자의 잠재력을 발견하도록 노력하겠다고 말했다.

특히, 입학사정관제에 따른 학교 현장의 대응방안으로 ▲학생들에게 다양한 진로탐색의 기회 제공과, ▲학교생활기록부의 내실화, ▲학교별 특성화 교육의 강화, 개인별 학교별 포트폴리오 제작 등을 제시했다. 이를 통해 암기식 교육이 아닌 고교별 특성화 및 창의력을 증진하는 '생각하는 교육'으로 바뀌고, 학생들의 학업 성취 동기를 부여하는 동시에 대학의 경쟁력도 강화하는 방향으로 우리나라 입시가 나아가야 한다고 강조했다.

### 입학사정관 정책

경희대학교는 '미래를 선도하는 도전적 인재, 세계에 봉사하는 글로벌 인재, 새로운 학문에 열정을 가진 인재' 라는 경희 인재상에 가장 부합하는 인재를 뽑으려고 했다. 이를 위해 모집단위와 관련된 노력과 열정이 얼마나 남다른 가를 주목하고 있다. 또 '결과' 보다는 '과정' 에, 외부로 드러난 '실적' 보다는 그것을 이루기 위한 '활동' 에 주목했다.

경희대 입학사정관 전형에서는 '경시대회' 나 '표창장' 등 학생부 비교과 영역에 기재된 실적뿐 아니라 자기소개서나 교사추천서에 지원한 모집단위에 관한 꾸준한 노력의 과정과 활동을 주로 평가했다. 자기소개서에 자신의 꿈을 이루기 위해 얼마나 많은 활동을 했는지, 교사추천서에 학생이 수업시간에 어떤 질문을 했는지 등 '현란한 미사여구보다 다소 거칠더라도 생생하고 진실한 목소리' 를 들려주면 좋은 점수를 받을 수 있었다. 학생만이 알 수 있는 일을 추천서에 넣으면 오히려 감점요인이 된다.

앞으로 경희대에서는 학생이 꿈을 이루기 위해 준비하고 노력하는 과정을 알아보기 위해 4월부터 예비 네오르네상스 추천 시스템을 운영할 계획이다. 이 추천 시스템은 경희 인재상에 부합하는 고등학생이라면 누구나 교사나 학부모, 혹은 본인이 추천 가능하다. 추천된 학생들은 입학사정관들이 이력관리를 통해 성장과정을 지속적으로 모니터링하고 필요하다면 직접 현장을 방문해 면접도 하게 된다.

입학사정관 정책

미래의 발전가능성과 미래의 지도자로 성장할 잠재력을 갖춘 학생들을 뽑고자 한다. 이를 위해 성적은 물론이고 성장환경과 리더십, 봉사활동, 잠재력 등을 두루 평가했다. 입학사정관들은 자기평가서와 학교생활기록부의 평가는 물론이고 필요한 경우 도서산간 지역까지 현장방문을 다녀왔다. 어려움의 경험을 넘어서서 지원자들이 어떻게 이 어려움과 역경을 극복할 수 있는지 확인한다. 과거 힘든 환경을 극복한 경험을 통해 학생들의 내면에 있는 자질을 평가한다. 입학사정관제 확대를 위해 현재 5명의 입학사정관을 30명으로 확대하고, 외국 명문대학의 입학사정관을 활용하는 교육프로그램을 구축한다는 계획이다.

고려대는 올해 입시에서 활동할 입학사정관들을 교육하기 위해 미국 명문대 입학처 관계자들을 초빙해서 아이비리그의 선진 입학사정관 시스템을 도입하려고 하고 있다. 초빙 대상은 MIT의 수트 수밀 입학처장과 UCLA의 부 트란 입학처장, 예일대 진리 입학처 부처장 등 5명 정도이다. 고려대 입학사정 전형에 대비하기 위해서는 아이비리그, 특히 MIT와 UCLA에서의 입학 전형을 분석하고 연구해 보는 것도 필요하다. 고려대학교를 지원하려는 학생은 이러한 점을 고려하여 전략적으로 준비해야 한다.

### 입학사정관 정책

단국대는 대학특성화(단국 비전 2017+도전과 창조)와 함께 교육이념을 구현할 인재를 선발할 계획이다. 인간존중 정신(봉사정신, 글로벌 마인드, 외국어 능력), 창의력 계발과 도전정신(호기심, 도전정신, 탐구역량, 창의성, 문제해결능력), 실용적 능력배양(논리적 사고, 책임감, 팀워크, 의사소통능력, 리더십) 등에 비중을 두고 대학의 건학이념을 구현할 인재를 선발한다는 방침이다. 실적 및 점수 등의 객관적 지표는 주로 1단계에서만 사용하고 자기소개서나 자기활동보고서, 심층면접에 의해 최종적으로 합격생을 선발한다.

입학사정관제 도입에 따라 전임 입학사정관 10명, 교수로 구성된 교수 입학사정관 22명이 위촉돼 전형을 진두지휘하게 된다. 이외에 내부 교수, 전 · 현직 교사 및 사회 저명인사, 교육 전문가, 동문 등 외부 전문가로 구성될 위촉 사정관도 본 전형에 참여할 예정이다.

## 동국대

입학사정관 정책

"네 꿈이 뭐니?"라는 질문은 어른이 아이에게 주저 없이 할 수 있는 쉬운 질문이다. 그 아이가 커서 중학생이 되고, 고등학생이 됐을 때 다시 그 어른이 "네 꿈이 뭐니?"라는 질문을 한다면 몇 번을 곱씹어도 입 밖으로 못 뱉는 어려운 질문이 돼버린다. 바쁘게 돌아가는 학교와 학업량으로 그 꿈을 꼬깃꼬깃 접어 서랍장 안에, 일기장 안에 감춰 뒀다가 결국 잃어버리기 때문이다.

동국대의 자기추천 전형은 "네 꿈이 뭐니?"라는 질문에 당당하게 답할 수 있는 학생을 위한 제도다. "난~ 꿈이 있었고, 그 꿈을 열심히 키웠을 뿐이고."라며 스스로 자신의 능력과 잠재력을 추천하는 전형이다. 동국대 입학사정관들 사이에서 자기추천 전형은 'I am' 전형으로도 통한다. 자기 자신에 대해 고민하고 자신만의 독특성을 발견하고 열정을 쏟아 부었다면 지원할 수 있기 때문이다.

합격자들의 공통점은 네 가지다. 첫째는 대학을 가기 위해 경력을 만든 것이 아니라 자기 주도적으로 하고 싶은 것을 열심히 해 왔다는 것이고, 둘째는 열심히 해온 경험들이 지원한 전공과 일관성을 이뤘다는 점이다. 셋째는 자신의 다양한 활동을 통해 발전가능성을 증명했고, 넷째는 자기를 추천하는 내용이 꾸밈없이 진솔했다는 것이다.

## 부산대

입학사정관 정책

입학사정관제 전형은 기존의 수시나 정시 전형과 달리 시험점수보다는 대학입학 뒤 발휘하게 될 잠재력과 창의력을 중점적으로 보는 전형 방식이다. 이 방식은 학생이 가진 능력과 소질, 대학의 발전 전략 및 각 모집단위의 특성을 고려해 선발함으로써 고교 교육 정상화와 고교-대학교육의 연계성 강화에 도움이 될 것으로 대학 쪽은 기대하고 있다. 지역 거점 대학으로서 부산대는 학교의 경쟁력 확보와 미래발전에 중추적인 역할을 할 수 있는 인재를 선발하고자 한다.

앞으로 부산대는 공교육 정상화에 기여하고 대학의 발전 전략에 부합하는 학생을 선발한다는 취지로 입학사정관제 전형을 점차 확대해 나갈 예정이다. 올해부터 농어촌학생전형과 전문계 고교전형에 입학사정관제를 도입하는 것도 이러한 취지에서다. 또한 지난해 실시한 효원인재전형에 대한 분석 작업을 마무리해 '효원인재전형 백서'를 발간할 예정이다. 이를 통해 입학사정관제 전형에 대한 고교 현장의 신뢰성을 확보하고 전형의 올바른 취지에 대해 알릴 수 있는 계기를 마련하고자 한다.

### 입학사정관 정책

서강대는 가톨릭 학교로서, 서강대가 추구하는 인재상은 이웃을 위해 헌신하는 인재를 키우려고 한다. 공동체 정신과 봉사 정신을 중요한 덕목으로 생각한다. 서강대가 원하는 인재형은 인성을 겸비한 인재, 시대적 사명에 투철한 인재, 국제적 인재, 창조적 인재, 미래형 인재이다. 이에 도덕적 리더십에 기반한 인성을 갖추고 있으면서도 '이웃과 함께, 이웃을 위해, 이웃을 통해' 헌신하려는 지원자에 주목한다.

학생부의 비교과영역, 자기소개서와 추천서, 면접을 통해 우리가 확인하고 싶은 것은 지원자의 지원동기, 인성과 품성, 사회성, 도덕적 리더십 등이다. 우리는 지원자의 성실성과 성취동기를 알기를 원한다. 왜냐하면 이런 꾸준함과 강력한 동기가 서강대에서 학업을 수행할 때 성과를 내고 졸업한 뒤에도 사회에 기여할 수 있을 것으로 기대되기 때문이다.

또한 어려운 환경 속에서도 그것을 극복하려는 의지뿐만 아니라, 그 속에서의 궁정적 사고에도 관심이 있다. 특히 사회통합전형이나 기회균형선발전형에서, 우리는 세상을 향한 부정적 사고보다는, 그러한 상황을 넘어서서 이웃을 배려할 줄 아는, 그리하여 언젠가는 이웃을 위해 헌신할 수 있는 지원자에게 더 많은 관심이 있다. 따라서 공동체 정신, 봉사 정신은 우리가 특별히 주목하는 중요한 덕목이다. 자신과 이웃을 어떻게 이해해 왔고, 또 그것을 위해 어떤 일을 했는지를 우리에게 보여 주길 원한다.

## 서울대

### 입학사정관 정책

올해 대학입시의 화두는 단연 '입학사정관제' 이다. 그 중에서도 서울대와 카이스트의 입학사정관제 전형과 모집정책은 타 대학들에게도 많은 영향을 끼치게 될 것이다.

2010년 입학전형까지 서울대는 전체 입학정원이 3,114명인데 입학사정관제로 선발하는 인원은 140명밖에 안 되며, 그것도 정원 외로 선발한다. 이유는 감당할 수 있는 만큼만 선발하고자 한다는 것이다. 11명의 입학사정관을 4명 충원하여 15명의 입학사정관으로 전형을 실시하겠다는 것이다. 입학사정관 1명당 10명 정도의 학생을 사정하는 것이다. 경쟁률을 예상한다면 사정관 한 명당 담당하는 수는 몇십 명에 이를 것이다. 많지 않은 입학사정관을 데리고서 수백 수천 명의 입학사정 전형을 실시하겠다는 타 대학들에게 시사하는 바가 크다. 이는 미국의 아이비리그의 사정과 비슷한 심도 있는 사정이 이루어질 것이라고 평가한다.

서울대는 입학사정 전형을 실시한 지 9년이 넘었다. 경험과 입학사정의 신중한 자세를 볼 때, 앞으로도 서울대가 입학사정 전형에 있어서 표준으로 자리 잡아 나갈 것이라고 본다. 그러나 2011학년도부터는 정원의 40%를 입학사정관제로 뽑는다고 발표하였다. 서울대가 대한민국 입시의 표준을 이끌어 왔다는 점을 감안

할 때, 이번에 서울대의 결정은 한국 대학 입시사회에 미치는 영향이 클 것이라고 본다.

서울대의 치밀한 준비가 입학사정관제 정착에 많은 영향을 끼칠 것이다. 서울대는 꿈을 이루기 위해서 목표설정을 명확하게 하고, 실제 그 분야의 전문가가 되기 위해서 학창시절부터 방향성을 가지고 공부한 사람을 선발하려고 한다. 앞으로도 서울대는 입학사정관 전형을 계속해서 확대해 나갈 것이다. 학생의 성장과정과 환경요인, 전공적성 관심도, 자기 꿈을 이루어 보려는 열정 등에 역점을 둔다. 기회균형선발전형 대상자에 저소득층 학생이나 농어촌 학생들도 포함되는 만큼 전형의 취지를 살려 이를 통합키로 했다. 전형을 간소화하는 것은 물론 수시모집으로 실시하게 돼 아무래도 농어촌 학생들을 위한 기회의 폭이 넓어질 것이다.

## 서울시립대

### 입학사정관 정책

서울시립대 입학사정관 전형의 가장 큰 특징은 모집단위의 특성을 최대한 살려 공교육 활성화를 선도한다는 점이다. 학생부나 수능의 교과 성적을 반영할 뿐만 아니라, 그러한 교과 성적이 산출되는 과정에 관한 질적 정보와 학생의 학과 전공 분야에의 잠재력이나 마니아적 소질에 주목한다.

학생부 교과성적이나 수능성적도 중요한 평가요소로 고려된다. 적극적으로 자신의 진로를 탐색하고 지원학과와 관련해 확고한 목표의식이 있는 학생이라면 지원을 적극 권한다. 포텐셜마니아전형은 특히 지원하는 전공과 연계된 고교 교과과정을 충실히 이수한 학생에게 유리하다. 예를 들어 문학에 재능이 있어 국어국문학과에 지원한 학생에게 낮은 국어점수는 평가의 설득력을 떨어뜨리는 요인이 될 수 있다.

학문에 대한 지원자의 열정과 자신이 가진 잠재력을 알리는 게 가장 중요하다.

이를 위해 사실에 입각한 증빙서류를 적절히 활용할 수 있다. 사교육을 통해 추천서 작성이나 면접을 준비하는 것은 전혀 도움이 안 된다. 심화다면평가 과정에서 심도 깊은 평가가 이뤄질 것이기 때문이다.

## 서울여대

### 입학사정관 정책

서울여자대학교는 입학사정관제를 통해 자신을 아름다운 색깔로 채색할 수 있는 학생들을 선발한다. 서울여대인만의 아름다운 색깔이란 무엇일까? 따뜻한 지혜를 키워 나눔을 실천하는 '행복한 인재, 행복한 리더' 이다.

서울여대 입학사정관들은 공동체 속에서 '나' 와 '우리' 를 배우고 실천하며 잠재된 능력을 개발할 수 있는 학생을 찾고 있다. 바롬예비지도자전형은 이러한 서울여대 인재상을 반영한 전형이다. 입학사정관들은 학교생활기록부와 자기소개서를 심도 있게 살펴, 지원자의 학업능력, 전공에 대한 잠재력, 인성 등을 확인해 이 전형에 적합한 학생인지를 판단한다. 서류평가에서 가장 중요시 보는 점은 학생부와 자기소개서 등에 나타난 꿈과 학업성취도, 교과외 활동의 일관성이다. 교과외 활동에서는 꿈을 향한 꾸준한 노력의 과정과 결과를 함께 평가한다. 자기소개서는 솔직하고 구체적으로 작성하는 것이 중요하다.

## 성균관대

### 입학사정관 정책

성균관대가 지향하는 학생선발의 핵심은 학교교육을 충실히, 그리고 '풍부하게 활용한' 우수 학생들을 선발하는 데 있다. 여기서 '풍부하게' 란 단순히 수동적으로 학교 교육을 받는 것을 의미하지 않는다. 학교 교육과정, 동아리활동, 봉사활동 등을 자신만의 깊이 있는 사고 연습 기회로 폭넓게 활용하는 것을 말한다. 그 성과물은 각종대회 수상 실적, 다양한 활동 경력, 양질의 자기소개 포트폴리오 등 다양한 형태로 나타날 수 있다. 수시전형에서는 이런 다양한 성과물들을 종합적으로 평가한다. 성균관대는 2002학년도부터 입학사정관제도의 준비단계인 '입시전문위원제'를 도입했고, 2004년 교과우수자전형(수시1)에서부터 자기평가서를 도입하는 등 입학사정관 전형 관련 노하우를 축적해 왔다. 이런 경험을 바탕으로 2009학년도 전형에서는 입학사정관들이 수시 2-1 모든 전형(11개 전형, 총 545명 선발)에서 1단계 서류평가를, 교수 심의위원회에서 2단계 평가를 실시했다. 모든 면접은 전공교수가 실시하되, 리더십특기자전형의 경우에는 입학사정관 면접을 추가로 실시했다.

입학사정관 전형에서 주의해야 할 점은 사고력의 깊이가 보이지 않는 많은 양의 포트폴리오(사진집 혹은 자료집 묶음), 기본적인 학습능력의 뒷받침이 없는 우수 수상 실적, 각 구성원의 역할이 분명히 드러나지 않는 팀 실적, 구체적인 경험에 근거하지 않고 일반적으로 기술된 추천서나 에세이 등은 모두 좋은 점수를 받지 못한다는 것이다.

## 숙명여대

### 입학사정관 정책

숙명여대 입학사정관 전형은 '인간의 성장가능성'과 '잠재력'에 대한 믿음을 갖고 학생을 발굴하고 선발한다. 학생이 성취한 결과를 중심으로 평가해 온 기존의 틀을 바꾸어 학생의 잠재능력과 미래를 예측하여 선발한다. 시험성적만으로는 알기 힘든 학생의 인성과  재능, 꿈과 열정, 의지 등을 종합적으로 평가하여 내재된 잠재력과 사고력, 창의성을 다면적으로 판단한다. 숙명여대는 학생의 잠재력을 실제 역량으로 육성하는 것을 강조한다. 입문 교육과 맞춤형 교육, 멘토 교수의 지도, 국내외 현장학습, 학습컨설팅 등 발굴 · 선발 · 육성의 삼위일체 프로그램으로 학생들의 잠재력이 삶에서 실제 역량으로 발휘될 수 있도록 교육한다. 획일적 잣대를 벗어나 다면적인 방법으로 선발된 학생은 숙명의 교육생태계를 더욱 풍요롭게 만들어간다.

입학사정관 정책

숭실대학교는 '글로벌 인재전형' 에서 글로벌 인재로서의 재능과 열정이 있는 학생을 선발하고자 한다. 영어와 중국어, 일본어의 공인된 일정 성적 이상을 획득한 학생들을 대상으로 한다. 숭실대 입학사정관 전형은 모두 정원 내에서 이루어지고, 입학사정관들이 서류와 심층면접, 최종 사정까지 참여하는 것이 가장 큰 특징이다. 또 숭실대는 사정관의 독자성을 확보하기 위해 기존 입학처 안의 입학관리과와는 별도로 '입학사정본부' 를 두고 명예교수를 책임 사정관으로 위촉했다.

숭실대는 2011학년도 이후 입학사정관 수를 늘려 입학사정관 전형도 정원의 10% 이상으로 확대할 계획이다.

입학사정관 정책

아주대 입학사정관들이 선발하고 싶은 학생은 자신이 하고 싶은 일이나 공부에 대한 목표가 분명하고 이를 실천하고자 하는 자기주도성이 살아 있는 인재다. 또, 일정한 학업성적을 유지하는 성실성이 있으면서 리더로서의 활동 경험과 잠재력을 가진 학생이다. 즉 자신에게 닥친 문제들을 스스로 창의적으로 해결하여 미래에는 최고가 될 수 있는 숨은 보석들이다.

입학사정관은 숨은 보석을 골라내고 아주대의 교육은 이들을 아름다운 보석으로 다듬어 낼 것이다.

예를 들면 '윤현정' 이라는 학생은 아주대 사회과학부 신입생으로 들어왔을 때는 최고로 인정받는 인재는 아니었다. 그러나 자신이 하고 싶은 분야를 공부하기 위해 아주대의 교환학생 프로그램으로 미국을 다녀온 후 졸업하고 미국 유학을 떠났다. 정치학을 전공한 그녀는 담당교수들이 불가능하다고 말렸는데도 굽히지 않고 정치학과 커뮤니케이션학 2개의 박사과정을 동시에 이수, 박사학위 2개를 한꺼번에 취득하고 텍사스주립대 교수로 임용됐다.

## 이화여대

### 입학사정관 정책

이화여대의 입학사정관 전형의 주요 특징을 살펴보면 첫째, 입학사정관 전형에서는 서류평가의 반영 비율이 상대적으로 높다. 따라서 서류평가는 심층적이고 세밀하게 진행된다. 자기소개서와 공인어학성적, 수상실적, 교내외의 활동실적 등을 증명할 수 있는 서류와 자신의 특기나 적성, 잠재력을 나타낼 수 있는 자료가 갖춰져야 한다. 또한 관련 자료의 양보다는 지원학과와의 전공 관련성을 입증할 수 있는 질적인 자료가 중요하며, 자신의 발전가능성을 일관되게 설득할 수 있어야 한다. 서류내용에 허위사실이나 과장이 있을 경우 감점 등 불이익이 가해짐을 염두에 둬야 한다.

둘째, 학생부 교과 성적도 잘 관리해야 한다. 입학사정관 전형이라고 해서 학생부 성적을 뺀 나머지 활동만을 강조하는 것은 아니며 학생부 성적은 그 학생이 학교생활에 얼마나 충실히 임했는가를 판단하는 중요한 자료이다.

셋째, 전형에 따라서 학생회 경력이나 봉사, 특별활동 또는 학내 동아리활동 등 학생부 비교과 요소가 필요하다. 표면적으로 드러나는 봉사활동 시간이나 학생회, 동아리활동 실적뿐 아니라 과정을 통해 나타난 지원자의 경험과 생각 또한 중요하게 평가된다.

마지막으로, 심층면접에서는 개인의 적성과 잠재력 등을 평가할 수 있도록 다면 평가가 실시된다. 따라서 지원자들은 자신의 역량과 가치관이 잘 드러날 수 있도록 논리적으로 자신의 생각을 표현하고 자신감 있고 솔직한 태도로 심층면접에 임해야 할 것이다.

입학사정관 전형은 전형별로 서류평가의 방향 및 점수반영 비율은 달라질 수 있다. 사정관 간의 다단계 교차평가를 실시할 계획이며 평가결과가 일정 점수 이상 다른 경우 제3의 사정관 또는 평가위원회에 회부해 평가 결과를 공론화하고 재평가하는 과정을 거치도록 하는 등 서류평가의 신뢰성과 공정성 확보를 위해 노력할 것이다.

아울러 학생부의 교과 · 비교과 영역의 정량적, 정성적 요소를 해석하는 체계적인 평가방안을 개발해 서류평가 시스템을 선진화하고자 한다. 또한 추천서 학업계획서 자기소개서 등 제출 서류 양식을 개선해 평가내용을 구체화하며 수상실적의 경우 수상실적 확인서를 의무적으로 제출하도록 함으로써 사실 확인 및 평가의 효율성을 높이고자 한다. 현재 이화여자대학교 입학사정관실에는 교육학, 경영학, 교육행정, 평가, 수학 등의 전공을 이수한 9명의 입학사정관이 활동하고 있으며 입학사정관제가 고교 정상화에 긍정적 영향을 미칠 수 있도록 다양한 노력을 기울이고 있다.

입학사정관 정책

연세대학교는 진리와 자유의 정신을 가진 글로벌 리더를 선발하려고 한다. 창의력, 다양한 재능 및 잠재력을 가진 창조적 전문인, 봉사적 지도자, 열린 마음의 세계인을 만드는 것이 연세대학교의 인재상이다. 연세대는 일반전형이라 할 수 있는 진리자유전형과 아울러, 사회적 배려대상자전형, 사회기여자전형, 언더우드 국제대학전형도 입학사정관 전형을 통하여 선발한다. 따라서 각 전형에 해당하는 내용이 있는지를 파악하여 준비하는 것이 좋다. 연세대는 5명의 입학사정관을 두고 있다. 전부 박사급의 전문 인력들로 구성이 되어 있다. 5명의 인력으로 입학 509명을 선발하는 입학사정을 전부 진행한다는 것이 다소 무리일 수도 있을 것으로 보이나, 교과 성적 등을 통해서 면접 배수를 결정하기 때문에 가능할 수 있을 것이라고 본다.

연세대 일반 입학전형인 진리자유전형에 응시하기 위해서는 기본적으로 교과 성적이 우수해야 한다. 1단계에서는 학생부 성적만으로 전형의 2배수인 688명을 선발한다. 전국에 1,800개의 고교가 넘는다는 점을 감안하면 교과 성적이 전교 최상위권에 있어야 응시가 가능하다는 결론이 나온다. 내신 과목 중에서도 국어, 영어, 수학, 사회, 과학 과목을 중심으로 평가한다. 그 외의 과목은 9등급만 아니면 감점하지 않는다. 수능 최적학력 기준도 중요하다. 2008년 전형에서도 합격생 250명 중에서 50명이 수능최적학력기준에 미달되어 탈락한 바 있다.

보통 입학사정관제는 한 분야를 집중해서 공부하고 경험한 학생들을 높게 평가하고 선발하는 경향이 있다. 하지만 연세대학교는 꼭 한 분야에 매진했다고 해서 높은 점수를 주지는 않을 것이라고 밝혔다. 다양한 경험을 통해서 얻은 성과와 그를 통해서 느낀 점을 솔직하게 부과할 때 높은 점수를 받을 수 있다. 다양한 경험을 통한 글로벌 리더를 키우겠다고 하는 것이 연세대의 인재상이다. 입학사정 전형에서는 대학교의 인재상을 자세히 알 필요가 있다. 그 안에 입학사정관의 평가요소가 들어 있다.

### 입학사정관 정책

인하대 입학사정관 전형은 건전한 인격과 세계적 안목을 갖춘 우수 인재를 선발하는 데 목표를 두고 있다. 고교 교육과정을 우수하고 성실하게 수학했거나 특정 분야에 남다른 재능이 있는 학생, 또는 어려운 환경에 굴하지 않고 강한 의지로 적극적으로 도전해 자신의 한계를 극복한 학생 등 잠재 가능성이 있는 학생을 발굴한다.

2009학년도 입학사정관제 전형에서 입학사정관들은 서류심사를 통해 리더십 · 봉사, 학업능력, 사회성 및 봉사, 특기적성, 잠재 가능성 등을 평가했다. 입학사정관들은 지원자가 지원전공 분야에 관련해 쏟은 관심과 열정, 노력을 중요하게 평가했다. 또한 리더십을 평가할 때는 단순히 임원경력의 유무보다는 얼마나 주도적으로 활동했는지에 초점을 맞췄다. 봉사활동 실적도 단순히 총 봉사 시간으로 평가하기보다는 얼마나 자발적으로 지속적인 봉사활동을 했는지에 비중을 두고 심사했다.

입학사정관 정책

중앙대가 원하는 인재상은 어느 한 영역에만 높이 치우치지 않는 균형 잡힌 인재이다. 중앙대는 자신의 꿈을 이루기 위해 자기 주도적으로 다양한 체험에 도전하여 성과를 보인 학생들을 선호한다. 그렇지만 만들어진 인재를 원하지 않는다.

기본적인 학업수학능력을 갖추고 여러 방면에서 각종 활동을 통해 자신의 삶을 풍부하게 가꾸었던 경험이 있는 학생들이라면 예체능계를 제외한 모든 과(의대 포함)를 지원할 수 있다. 중요한 평가요소로 학업수학능력, 리더십, 봉사 · 특별활동, 문제해결능력, 국제화능력 등 5가지 영역을 설정하였다. 좋은 학생을 뽑는 데 있어서 학교 이름은 걸림돌이나 디딤돌이 될 수 없다. 중요한 것은 주어진 환경을 어떻게 활용하거나 극복했으며, 그 환경 속에서 어떤 노력을 해 왔는지를 중요한 평가요소로 본다.

중앙대는 자신의 꿈을 이루기 위해 자기 주도적으로 다양한 체험에 도전하여 성과를 보인 학생들을 선호한다. 그렇지만 만들어진 인재를 원하지 않는다. 점수를 얻기 위해 획득한 많은 서류보다는 열정, 꾸준함과 진실성이 느껴지는 몇몇 활동 내용이 더 좋은 평가를 받을 수 있다. 또한, 학생에게 주어진 환경을 잘 극복하거나 잘 활용한 사례가 있다면 학생의 뛰어난 문제해결력과 잠재력을 평가받을 수 있을 것이다. 좋은 학생을 뽑는 데 있어서 학교 이름은 걸림돌이나 디딤돌이 될 수 없다. 중요한 것은 주어진 환경을 어떻게 활용하거나 극복했으며, 그런 환경 속에서 '어떤 노력을 해 왔는가' 라는 것이다.

입학사정관 정책

눈의 띄지는 않지만 창의성과 잠재력이 있는 학생을 선발하려고 한다. 자기만의 재능을 발굴해서 전문성을 키워 나가는 학생들을 우선해서 선발하려고 하며, 특히 잠재가능성을 가장 높이 평가한다. 2010학년도 대입부터 일반고 학생들은 무시험 전형으로 KAIST에 지원할 수 있는 기회를 얻게 된다. 경시대회 성적이 전형요소에서 제외되는 대신 학교장의 추천을 받아 입학사정관과 면담하고 심층면접을 거쳐야 한다.

입학사정관 정책

포스텍에서 선발하려고 하는 인재상은 대한민국에 노벨상을 안겨 줄 세계적인 과학자, 인류의 미래를 바꿀 세계적인 공학자가 될 잠재력을 가진 학생들이다. 현재의 상황이 어렵더라도 자신의 상황에 좌절하지 않고 이겨 나가는 학생들은 높은 평가를 받을 것이다. 포스텍의 인재양성 목표는 '과학기술계의 글로벌리더 양성'

이다. 따라서 포스텍이 선발하려고 하는 학생은 '수학, 과학에 대한 학문적 자질을 기본적으로 갖춘 상태에서 커뮤니케이션 능력, 학문적 열정, 창의적 사고, 세계적 인재와 경쟁하겠다는 도전정신을 갖춘 학생' 이다.

포스텍은 '입시카운슬링' 프로그램을 운영하여, 저소득층과 농어촌 지역의 일반고 2학년 학생들에 대해서 입시에 대한 집중 상담을 실시할 예정이다. 또한 포스텍의 입학사정관은 합격의 당락까지를 결정하게 되어, 모든 단계에서 관여를 하게 된다는 것이 다른 대학과 다른 특징이다. 입학사정관의 중복체크와 다단계 평가 등을 통해서 공정성을 확보해 나갈 것이라고 한다.

포스텍의 입학사정관은 영역별로 다양한 출신으로 구성되어 있다. 예를 들면 교장 출신자와 수능출제 경력이 있고 15년간 고등학교 진학지도 수학교사 출신자도 있다. 어떤 사정관은 기계공학(학사)과 심리학(석사)을 전공해 이공학도의 심리 파악에 도움이 될 것으로 보고 있다. 통계학 전공자의 경우 학생들의 졸업 후의 상관관계 등을 평가할 수 있도록 다양하게 구성되어 있다.

입학사정관의 구성이 어떻게 되고, 역량이 얼마냐에 따라서 입학사정제도의 성공여부가 가려진다는 측면에서 볼 때, 포스텍의 이러한 노력은 입학사정관제도 안정화에 많은 기여를 할 것이다.

## 한국외대

한국외대가 입학사정관 전형을 통해 선발하고자 하는 인재는 '창조적이며 글로벌한 미래형 인재' 다. 이에 따라 사회 리더로서의 소양과 창조적 능력 등 잠재력을 평가한다. 한국외대 입학사정관들은 서류심사, 고등학교 방문 및 현장점검, 면접을 통해 교과, 인성, 잠재 창조력, 발전가능성을 종합적으로 판단한다. 따라서 서류작성을 할 때는 '자기신뢰성' 을 바탕으로 실적이나 장점을 그저 양적으로 나열하는 천편일률적 서류보다는 구체성이 있으면서도 자신의 특징이 잘 담긴 내용이 좋다. 수험생이 제출한 서류를 확인하고 수험생에 관해 좀 더 깊이 이해하기 위해 입학사정관이 학교와 해당 지역을 방문할 계획이다.

입학사정관제가 실시되는 전형은 다단계 전형을 기본으로 한다. 첫 번째로는 서류에 대한 심사와 평가가 이루어진다. 제출된 서류는 면접의 자료로 활용되기도 한다. 상황에 따라 현장실사가 이루어지는 경우도 있다.

두 번째 단계는 심층면접. 전형의 취지에 입각해 학생을 다각적으로 평가한다. 심층면접은 전공교수와 입학사정관에 의해 진행된다. 서류의 신뢰도, 자신의 가치관과 잠재력, 국제적 리더로서의 자질, 발전 가능성을 심도 있게 검증받을 것이다. 마지막으로는 입학사정관위원회를 거치면서 1, 2차 단계에서 나온 결과를 재심사한다.

## 입학사정관 정책

한양대학교는 미래성장 잠재력과 가능성을 가진 학생을 선발하는 데 목표를 두고 있다. 이러한 성장가능성과 학업성적이 우수하거나 특정분야에서 탁월한 재능을 갖춘다면 금상첨화다. 한양대학교의 교육이념은 '사랑의 실천' 이다. 따라서 사회에 '사랑의 실천' 을 사회에 구현하고 있는 학생이라면 한양대는 먼저 선발하게 될 것이다.

한양대학교는 학생 선발에 있어서 학문적 요소와 비학문적 요소 그리고 학생이 처한 개인적 환경까지 고려해 보다 선진적인 선발방식을 갖추고자 한다. 그래서 결과만이 아닌 과정을 중시한다. 보여 주기 위한 경력을 위해 새로운 특기를 개발하고 경시대회에 참가하거나 봉사활동을 하기보다는 학교생활을 자기계발에 맞추어 충실히 하는 등 자신의 환경에서 최선을 다하는 것이 중요하다.

## 홍익대

### 입학사정관 정책

홍익대는 2010학년도부터 입학사정관제의 일환으로 미술대학 자율전공에서 비실기 전형을 실시한다. 2011학년도에는 미술대학과 조형대학의 학부별로 비실기 전형을 부분적으로 도입하고, 점차적으로 비실기 전형의 비율을 높여서 2013학년도에는 모든 미술대학 입시에서 비실기 전형을 실시한다.

홍익대 미술대학에 관심이 있는 학생이라면 비실기 전형의 의미를 바로 아는 것이 중요하다. 어떤 과목이든 성적으로 순위를 매기면 제일 좋은 점수를 받는 답안이 생기기 마련이고 그렇게 되면 모든 수험생은 그것을 모범답안으로 생각할 수밖에 없는 상황이 된다. 실기고사가 암기과목화하고, 이런 이유로 학생들의 개성과 창의성은 무시되고 즐거워야 할 미술창작의 본질은 변질되어 버렸다. 실기실험이 존재하는 한 똑같은 일이 되풀이될 것은 명확한 일이기 때문에 과감히 실기고사를 폐지하게 된 것이다.

홍익대가 원하는 학생은 중·고교시절, 가능하다면 그보다 더 어린 시절부터 정말로 즐거움이 우러나서 미술 창작활동을 해 오고 있는 학생이다. 그 활동은 학교에서 하고 있는 미술수업, 계발활동이나 방과 후 활동 혹은 교외의 단체활동 등 미술과 관련된 창작활동의 모든 것이 포함된다.

# 2부

# 더 높은 곳을 향해 날개를 힘껏 펼쳐라

대학에 합격한 선배들의 사례를 살펴보면 효율적인 수험 계획을 세우는 데 큰 도움이 된다. 더구나 아직 생소한 입학사정관제가 빠르게 확대 시행되는 현실에서 실제로 입학사정관제나 수시전형으로 잠재력을 인정받은 선배들의 이야기는 길라잡이 역할을 톡톡히 해 줄 수 있다. 따라서 여기에서는 다양한 환경에서 입학사정관제를 통해 대학 진학을 한 선배들의 사례를 살펴보려고 한다. 다만 개인의 사정을 고려하여 가명을 썼음을 먼저 밝힌다.

# 나는 이렇게 합격했어요!

한 우물을 파라! 길이 보인다

인생의 멘토에게서 꿈을 찾다

내 인생은 내가 설계한다

열정과 집념으로 입시 관문을 뚫다

노력하는 사람은 천재도 이길 수 없다

재능을 강력한 경쟁력으로 갈고 닦다

단점을 극복하니 장점이 되다

봉사활동, 대학과 통(通)하다!

비 온 뒤에 땅이 굳는다

# 입학사정관들이 추천하는 모범학교

# 전문계 고등학교, 새로운 미래가 열린다!

# 한 우물을 파라! 길이 보인다

입학사정관제가 더욱 발전하면 하나만 전문적으로 계발한 학생을 선호하는 대학과 여러 가지를 적절히 계발한 학생을 선호하는 대학으로 나뉘게 될 것이다. 미국의 경우, 하버드대학교는 한 가지만 잘하는 학생보다 여러 가지를 두루 잘하는 학생을 선호한다. 반면, 예일대학교는 한 가지를 특별히 잘하는 학생을 우선적으로 뽑는다. 여기에서는 한 가지를 특별히 잘해서 대학 진학한 학생들을 살펴본다.

동국대학교 물리학과 학생 이상학 군은 초등학생 때부터 물리에 관심이 많았다. 물리에 관련된 책만 잡으면 식사도 잠도 잊을 정도였다. 일반 과학 캠프에 빠짐없이 참석했고, 중고등학생 때는 스스로 물리 관련 캠프를 찾아다녔다.

이 군이 처음 물리에 관심을 가지게 된 계기는 아주 일상적이고 사소한 일이었다. 어느 여름날, 온 가족이 밥을 먹으려고 식탁에 앉았다. 그때 이 군은 유리컵에 차가운 물을 따랐는데 컵이 마치 살아 있는 양 스르륵 움직이더니 식탁 아래로 똑 떨어져 버렸다. 어린 이 군은 깜짝 놀라 "내가 안 깼어요. 컵이 스스로 움직였어요!"라고 말했다. 이 군의 아버지는 껄껄 웃으며 "괜찮다. 공기가 팽창해서 그런 거야."라고 말씀하셨다.

이 군은 고개를 갸웃거리며 아버지에게 물었지만 아버지는 곧 과학 시간에 배운다고 말씀하실 뿐이었다. 이 군은 밥을 먹는 내내 머릿속이 온통 움직이는 컵 생각으로 가득했고, 밥을 다 먹자마자 컴퓨터 앞으로 쪼르르 달려가 검색했다. 또 백과사전을 뒤적이며 '공기의 팽창'에 대해 찾았다.

그 뒤로 이 군은 어떠한 물리 현상을 보면 그냥 지나치지 못했다. 잘 기억해 두었다가 집에 와서 책을 찾아보고, 인터넷 검색을 했다. 그리고 궁금증을 해결하면 노트를 꺼내 내용을 정리해 두었다. 이처럼 현상과 원인, 원리를 꼼꼼히 적어 놓은 노트는 지금도 이 군의 보물 1호다. 이 군은 학생자율연구과제 공모전에서 자신의 호기심을 풀어내는 과정으로 최우수상을 받았다. 고등학교를 마치자 자기추천으로 동국대학교 물리학과에 진학했다.

자기추천전형은 국내외에서 각종 활동을 하면서 특별한 경험을 하거나 특정 분야에서 뛰어난 자질이나 재능을 가진 학생들이 스스로 자신을 추천할 수 있는 제도다. 예를 들어, 발명 및 특허권을 가지고 있는 경우나 전문자격증을 가지고 있는 경우, 국내외 학술지에 게재한 출판물을 포함 책과 논문 등 출판물이 있는 경우, 국내외 규모 있는 대회 입상 실적이 있는 경우, 창업 또는 블루오션 영역 개척 등 특정 분야에서 특별한 활동을 한 경우에 응시할 수 있다. 자기추천으로 응시하는 학생들은 학생부성적과 수학능력시험의 결과와 무관하게 평가받는다. 1단계에서 자기 재능을 스스로 추천한 자기추천서와 그동안 해 온 활동 자료를 모은 포트폴리오만으로 선발 최종인원의 3배수를 뽑는다. 이때 중학교 이후 실적과 경력이 중요하게 평가되는데 포트폴리오 중요도 순으로 10개 이내를 본다.

2단계에서는 1단계의 성적을 60% 반영한다. 여기에 동국대학교가 제시하는 인재상과 관련된 특강을 50분 동안 듣게 하고 수험생들에게 50분 동안 보고서를 작성하게 한다. 그 다음에 자기의 모집단위와 활동 내용을 5분 동안 발표하게 한다. 그리고 전임입학사정관, 위촉입학사정관, 해당 모집단위 교수들과 15분 동안 질의응답을 한 다음 합격여부를 결정한다.

이 군은 동국대학교 물리학과에 자기추천으로 지원했고, 본인이 얼마나 물리를 좋아하며 어떤 활동을 해 왔는지 스스로 대학 측에 알렸다. 그 결과 당당히 동국대학교 물리학과의 학생이 되었다.

## 사례 2

저는 부산대학교 기계공학부에 다니는 최하늘입니다. 대통령배 항공스포츠 모형 항공기 대회에서 2회 연속으로 1위를 차지했고, 열정과 잠재력을 인정받아 '효원인재전형' 에 합격했지요.

제가 여섯 살 때, 누나와 종이비행기를 접어 날린 적이 있습니다. 누나가 접은 종이비행기는 바람을 타고 나는데, 제 종이비행기는 바닥으로 곤두박질쳤습니다. 저는 누나가 부럽기도 하고, 신기하기도 했습니다. '똑같이 접었는데 왜 누나가 접은 종이비행기만 잘 날까?' 궁금했지요. 그때부터였습니다. 저는 날마다 누나를 졸라 종이비행기를 접어 날렸습니다. 어떻게 하면 종이비행기를 더 잘 날릴 수 있을지 고민하던 끝에 비행기 관련 책을 찾아보기도 했지요. 여러 방법으로 접은 종이비행기에 각각 번호를 써서 어느 종이비행기가 더 멀리 날아갔는지 확인하고, 조금씩 방법을 달리하면서 연구했습니다.

초등학생이 되자 비행기가 양력을 이용해 난다는 기본 원리를 알게 되었지만, 어린 제가 쉽게 받아들일 수 있는 내용이 아니었습니다. 그래서 점차 비행기에 대한 관심과 흥미가 시들시들해지던 찰나, 과학 시간에 만든 글라

## 부산대학교 입학사정관제 '효원인재전형'

입학사정관들은 1단계에서 교과 성적 400점, 비교과 성적 600점, 합계 1,000점으로 3배수를 뽑는다. 이때 교과 성적이나 비교과 성적이나 모두 관련 모집단위별 성적을 기준으로 평가한다. 그리고 2단계에서는 1단계 성적은 전혀 반영하지 않고 학교생활기록부, 자기소개서, 증빙서류 등을 통해 창의력과 잠재력 등을 종합하여 면접과 구술로 평가한다. 면접과 구술은 약 40분 내외다.

부산대학교에서는 최하늘 군 외에도 싱가포르 세계로봇축구대회에서 우승한 학생, 영어와 일어 2개 언어로 유창하게 자신을 소개하는 학생, 토익 만점을 받은 학생 등 비교과 영역에서 뛰어난 실적을 보인 학생들을 많이 뽑았다. 또 다른 점에서 돋보이는 학생들도 다수 뽑았다. 비록 수상 실적이 많지 않지만, 학교생활에 충실하면서 자신이 지원한 학과에 대한 지원동기와 학업계획, 관심 영역이 분명해 2차 면접에서 잠재력과 역량을 면접관에게 인정받아 선발된 학생들도 적지 않았다.

이더가 다시 제 열정에 불을 지폈습니다. 저는 제 글라이더를 친구들보다 더 멀리 날리기 위해 지금까지 공부하고 경험한 모든 지식을 동원했습니다. 또한 문방구에서 파는 글라이더가 아니라 제가 직접 글라이더를 설계하고 디자인하며 '더 멀리 오래 나는 글라이더'를 연구했지요. 그 덕분에 제가 만든 글라이더는 친구들 사이에서 정평이 났고, 어떤 친구들은 제게 글라이더를 만들어 달라고 부탁하기까지 했답니다.

시간이 지날수록 저는 더 좋고 비싼 모형기를 만들고 싶었습니다. 그래서 아버지 구두를 닦고, 집안 청소를 하는 등 조금씩 용돈을 모아 부품을 샀습니다. 중학교에 들어가서는 글라이더에서 모형항공기로 관심이 옮겨갔습니다. 모터와 건전지를 단 모형항공기는 단지 멀리 날기만 하는 게 아니라 제가 원하는 대로 조종할 수 있었거든요. 그때부터 다시 항공기 관련 책을 집중적으로 보았고, 점차 가솔린 엔진을 가진 진짜 비행기와 유사한 미니 모형 비행기를 만들기에 이르렀습니다.

사실 저는 뉴스에서 항공기 추락사고 소식을 들을 때마다 가슴이 철렁 내려앉습니다. 마치 제가 만든 비행기가 하늘에서 떨어지는 듯했고, 더욱더 성능이 뛰어나고 안전한 비행기를 만들고 싶다는 생각을 했지요. 이런 생각이 원동력이 되어 저는 모형항공기 제작에 더욱 매진했고, 마침내 대회에서 우승했습니다.

저는 세계 최고의 항공 과학자가 되어 세계적인 항공기를 만들고 싶습니다. 그래서 진짜 항공기에 장착하는 커다란 기계의 기초 원리를 착실히 공부하고, 항공기의 엔진과 효율적인 기체 제작에 대해 연구하려고 합니다.

이러한 제 꿈과 열정을 인정받아 부산대학교 기계공학부에 진학했지요. 저는 이곳에서 제 꿈을 이루는 초석을 닦아, 세계 최고의 항공 과학자의 꿈을 이룰 것입니다.

서울여대 환경생명과학부에 입학한 송선주 학생은 평소 식물의 성장과 돌연변이에 관심이 많다. 집 안 곳곳에는 그동안 모은 돌연변이 식물 화분이 잔뜩 있어, 얼핏 식물원 같은 느낌을 줄 정도다. 송선주 학생은 돌연변이 식물에 대한 관심과 열정, 연구활동을 인정받아 서울여대 환경생명과학부에 진학할 수 있었다.

송선주 학생이 돌연변이 식물에 관심을 갖게 된 계기는 친구에게 선물로 받은 네 잎 클로버였다. 골똘히 네 잎 클로버를 보다 한 가지 의문을 품었다. '세 잎 클로버와 네 잎 클로버는 같은 클로버인데 왜 잎 수가 다를까?' 그러다 백과사전과 인터넷 검색을 통해 네 잎 클로버가 세 잎 클로버의 돌연변이라는 사실을 알게 되었고, 그 뒤로 돌연변이 식물에 대해 특별한 관심을 갖고 연구하기 시작했다.

## 서울여대 입학사정관제

서울여대 '바롬예비자전형'은 1단계에서 학교생활기록부 500점, 서류 300점, 2단계에서 면접 200점으로 뽑기 때문에 학교생활기록부 성적이 다소 낮더라도 서류평가에서 높은 점수를 받는다면 충분히 합격할 수 있다.

서울여대는 입학사정관들이 지원자가 제출한 학교생활기록부와 자기소개서를 통해 지원동기, 전공 및 전형 적합성, 흥미, 소질, 인성 등을 평가해 학생의 대학교 학업수행능력과 적응도, 성장 가능성을 판단한다. 기초학력과 전공수행능력이 충분하다고 판단되면, 면접을 통해 최종 합격 여부를 결정한다.

서울여대는 서류심사부터 면접을 통한 최종 합격자 확정까지 다수 평가자가 다단계에 걸쳐 다양한 전형 요소를 다면 평가하는 "3多(多人, 多面, 多段)시스템"을 구축하여 공정성을 확보하려 한다고 밝혔다.

틈만 나면 산과 들을 다니며 돌연변이 식물을 채집하고, 직접 화분에다 돌연변이 식물을 길렀다. 그리고 돌연변이의 원인을 찾기 위해 돌연변이 식물들이 자라는 환경과 원래 식물들이 자라는 환경을 비교 조사했다. 그러다 보니 자연스레 생물에 대해 해박한 지식을 갖추었고, 유전학에 폭 빠져 버렸다.

송선주 학생은 고등학교 때 본인의 취미를 살려 동아리를 만들었고, 일반 인문계 고등학교 학생이지만 과학고 동아리 학생을 제치고 과학탐구대회에서 생물 부문 대상을 받았다. 각종 과학 캠프에 빠짐없이 참석하며 생물경시대회 때마다 입상을 하기도 했다.

이처럼 취미를 전문 분야로 계발하고, 스스로 꿈을 이루기 위해 노력한 활동이 인정받아 송선주 학생은 서울여대 입학사정관제에 합격했다. 그리고 현재 자신이 원하는 공부를 하며 꿈을 향해 나아가고 있다.

## 사례 4

성균관대학교 '과학인재전형' 에 합격한 박명한 군은 한국의 에디슨으로 불리는 학생이다. 박 군은 레고를 가지고 놀던 어린 시절부터 남다른 점이 있었다. 하나를 배우면 바로 그 자리에서 응용해서 새로운 것을 만들었고, 레고 놀이를 하면서 과학 원리를 스스로 터득했다.

초등학교 때는 어른들이 커피를 마실 때 종이컵과 믹스커피를 따로 사서 가지고 다니는 모습을 보고, 접이식 종이컵을 만들어 두 가지를 한 번에 가지고 다닐 수 있게 했다. 박 군은 접이식 종이컵 시제품을 만들어 변리사인 삼촌에게 보여 주었다. 그런데 삼촌은 이미 두 달 전에  접이식 종이컵을 다른 사람이 만들어 특허 등

## 성균관대학교 입학사정관제

교육과학기술부와 한국대학교육협의회는 성균관대학교를 입학사정관제 선도대학으로 선정했다. 현재 성균관대학교는 입학사정관 전형으로 여러 특기자 전형제도를 두고 있다. 글로벌리더전형 230명, 과학인재전형 191명, 동양학 인재전형 30명, 성균 나라사랑전형 20명, 사회봉사 특기자 전형 5명, 영상 특기자전형 5명, 연기 예술 특기자전형 5명, 체육 특기자전형 40명, 리더십 특기자전형 80명, 자기 추천자전형 20명 등 무려 626명을 입학사정관제 전형으로 선발한다.

록했다는 이야기를 했다. 자기가 처음 만들었다고 생각한 박 군은 적잖이 실망했다. 하지만 박 군은 옛날 벨이 전화기를 발명할 때를 떠올리며 마음을 다잡았다.

'벨이 전화기를 발명할 때, 동시에 세 사람이 전화기를 만들고 있었다지. 벨이 가장 먼저 특허로 등록해서 전화기를 발명한 사람이 되었어. 같은 생각을 하는 여러 사람 가운데 누가 먼저 발명하고 특허로 등록하느냐가 중요해.'

그 뒤로 머릿속에 온통 발명 생각이 가득했다. 하나를 보아도, 그냥 넘기지 않고 뒤집어 생각했다. 그 덕분에 한국 학생창의력올림픽에서 금상을 수상했다. 전국과학전람회 물리 부문에서는 우수상과 특상으로 2회 연속 수상했다.

입학사정관들은 박 군이 가진 발명 욕심과 열정을 높이 평가했다. 탁월한 연구 실적을 인정하여 성균관대학교 입학을 허가했고, 끊임없이 발명가의 꿈을 이어나갈 수 있도록 했다.

# 인생의 멘토에게서 꿈을 찾다

어니스트가 날마다 큰 바위 얼굴을 바라보며 평생 훌륭한 품성을 만들어 나가는 과정은 매우 감동적이다. 입학사정관제를 통해 대학을 진학한 학생 가운데 어니스트처럼 자기만의 큰 바위 얼굴을 보며 꾸준히 꿈을 키운 학생이 있다.

저는 고려대학교 건축학과에 학생부 우수자 전형으로 합격한 조미연입니다. 제 아버지는 건축설계사로 정말 열정적인 분이시지요. 건축 설계를 하느라 밤을 새는 일은 예사고, 주말에도 쉬지 않고 현장으로 나가십니다. 이따금씩 저를 데리고 건설 현장에 나가시기도 합니다. 어머니는 아버지가 저를 놀이동산에 데려간 줄로 알고 계셨지만요.

어릴 때 저는 아버지가 외계에서 온 마법사라고 생각했습니다. 아버지를 따라간 야산이 어느새 그림처럼 예쁜 마을로 바뀌고, 평범한 벌판에 높다란 건물들이 들어섰으니까요. 그런 아버지를 보고 자란 저는 자연스럽게 건축가를 꿈꾸게 되었습니다.

그런데 제가 고등학교 1학년 때, 아버지가 뇌졸중으로 쓰러지셨습니다. 다행히 목숨을 건졌지만 후유증이 남아 지금까지 아버지는 몸이 불편하세요. 하지만 아

## 고려대학교 입학사정관제

고려대학교는 수시모집 입학사정관 전형에서 수시 1차의 학교생활기록부 우수자, WORLD KU, 세계선도인재, 과학영재전형 등으로 나누어 선발한다. 이 가운데 '세계선도인재전형'은 이번에 신설된 제도로 어학(또는 AP) 성적 비중이 40%이며, 심층면접이 당락을 결정하게 될 것이다. 특히 고려대학교는 성적뿐만 아니라 성장환경, 리더십, 봉사활동, 잠재력 등을 두루 평가하고, 지원자들이 어떻게 어려움과 역경을 극복했는지에 초점을 맞추어 전형을 실시한다. 어려운 환경을 극복한 학생의 경우, 학생의 발전가능성과 지도자로서 성장가능성에 주목하고 필요에 따라 담임선생님이나 사회복지사 등을 직접 만나 현장을 실제로 확인하기도 한다.

버지는 자기 몸보다 어려운 이웃들을 더 걱정하십니다. 유명 건축가로 일하면서 번 돈을 어려운 이웃들에게 무료로 집을 지어 주는 데 쓰셨어요. 그러면서 항상 제게 말씀하셨지요.

"미연아, 아버지는 늘 사람이 행복하게 사는 집을 짓고 싶었어. 그 꿈을 이루어 나가는 지금, 아버지는 참 행복하구나."

요즘 아버지는 '참사랑의 집' 이라는 복지 기관에서 봉사를 하십니다. 저는 아버지를 모시고 함께 봉사활동을 합니다. 아버지는 본인도 몸이 불편하실 텐데도 늘 웃으세요. 그리고 제게 당부하시지요.

"우리 미연이가 훌륭한 건축가가 되려면, 먼저 사람을 사랑하는 법을 배워야 한단다."

저는 언제나 긍정적으로 삶을 바라보고, 사람들을 따뜻하게 보살피는 아버지를 진심으로 존경합니다. 그리고 아버지의 뜻을 이어받아 사람이 행복하게 사는 집을 짓는 건축가가 되고 싶습니다.

이번에 아버지는 제가 고려대학교 건축학과에 입학한 소식을 듣고, 잔잔한 미소를 지으셨습니다. 앞으로 저는 아버지의 기대에 부응해 사회적 의무를 잊지 않는 건축가가 될 것입니다. "자그마한 실수가 건물을 무너뜨릴 수 있단다."라는 아버지 말씀을 마음속 깊이 새기고, 아버지를 보며 배운 꼼꼼함과 세심함으로 튼튼하고 예쁜 집을 짓겠습니다.

제 마음속 외계의 마법사, 아버지! 사랑합니다.

# 내 인생은 내가 설계한다

입학사정관제 준비에서 철저한 자기관리는 무엇보다 중요하다. 자기관리를 할 때는 지원할 모집단위와 관련된 모습으로 일관성 있게 해야 한다. 경영학과면 경영학과에 맞게, 화학과면 화학과에 맞게 준비해야 한다. 학교생활기록부의 봉사활동도 천편일률적이 아니라 다양한 트랙으로 준비해야 하며, 봉사활동 실적을 포트폴리오로 잘 구성해서 제출해야 한다. 창의적 재량활동의 경우에는 지원자들이 처한 환경, 지역사회에 대한 관심과 실천에 주목해야 한다. 이처럼 스스로 노력해서 꿈을 설계하고 노력한다면 원하는 대학 진학은 물론이고 그 이후 과정 역시 재미있고 보람찰 수밖에 없다.

제 친구 김대웅은 올해 서울대학교 경영학과에 합격했습니다. 대웅이는 자기 목표가 경제 문제를 다루는 특수부 검사라고 말합니다. 워낙 성품이 곧고 강직한 대웅이에게 딱 어울리는 목표라고 생각합니다.

대웅이는 중학교 3학년이 끝나갈 무렵부터 대학 입시준비를 시작했습니다. 평소 대웅이는 세간을 떠들썩하게 만든 경제사범의 재판이 있는 날이면, 자못 심각한 얼굴로 재판장으로 달려갔어요. 물론 가기 전에 미리 그 사건에 대한 신문 기사를 스크랩해서 자료를 만들고, 꼼꼼히 검토하며 재판 진행과정을 예상했답니다.

대웅이는 사회 탐구 영역에서 경제를 선택했지만, 법과 사회에 관련된 책을 두루 보는 편입니다. 사실 저와 다른 친구들은 대웅이가 말하는 위법성조각사유, 책임조각사유 등이 뭔지 하나도 모르겠어요. 하지만 그런 이야기를 할 때 대웅이는 정말 눈이 반짝반짝 빛나요. 대웅이가 만든 신문스크랩 파일은 마치 경제사범 사건을 수사하는 진짜 검사의 사건 파일 같았고요. 실제로 대웅이는 서울대학교에 입시 서류를 제출할 때 신문스크랩 파일을 증빙서류 목록에 넣었더군요.

저와 다른 친구들은 대웅이가 스스로 계획을 세우고, 꾸준히 실천하는 모습이 정말 대단하다고 생각했어요. 하지만 대웅이는 고개를 절레절레 저으며 자기가 좋아서 하는 일이 어째서 칭찬받을 일이냐고 되물었습니다. 그럴 때마다 우리는 대웅이가 더욱 대단해 보였지요.

그렇다고 대웅이가 친구들과 전혀 어울리지 않고 공부만 한 건 아니었어요. 컴퓨터 게임을 하면서 친구들과 잘 어울렸어요. 물론 고등학교 3학년이 되자 공부 외에는 모든 잡기를 그만두었지만요.

대웅이는 일반 인문계 고등학교를 다니면서 서울대학교 경영학과를 지원하기 위해 많은 준비를 했어요. 경제 경시대회를 치르고, 경제 및 경영 관련 책을 읽고, 신문의 경제면을 하루도 빠짐없이 스크랩했지요. 또 수학을 어찌나 열심히 공부하든지요. 한 번은 제가 물었습니다. “경영과 경제를 공부하는데 수학이 왜 필요해?” 그때 대웅이는 웃으며 두꺼운 경제 책을 펼쳐 보이더군요. 거기에는 복잡한 수학식이 잔뜩 쓰여 있었어요. 그렇게 열심히 공부한 덕분에 대웅이는 수능에서 수리탐구 영역 문제를 딱 하나밖에 안 틀렸답니다.

제가 대웅이를 높게 평가하는 이유는, 대웅이는 자신이 하고자 하는 일을 반드시 해내는 친구이기 때문입니다. 내신성적을 올려야겠다고 생각하면, 스스로 학습 동아리를 만들어 부족한 과목을 친구들과 함께 공부했어요. 그 덕분에 저를 비롯해 대웅이랑 공부한 친구들은 성적이 많이 올랐답니다. 고등학교에 입학했을 때만 해도 성적이 중상위였던 대웅이가 고등학교 3학년 기말고사에서 전교 1등을 차지했으니까요?

이제 대웅이는 당당한 서울대학교 경영학과 학생이 되었습니다. 오늘도 자신이 세운 계획을 착실히 실천하며 하루하루를 알차게 보내고 있을 거예요. 중학교 3학년 때 특수부 검사를 꿈꾸기 시작한 그때부터 늘 그래왔듯. 저는 그런 제 친구 대웅이가 정말 자랑스럽답니다.

신일용 군은 경제학과에 지원하기 위해 자신이 한 모든 활동을 포트폴리오로 구성하여 철저히 준비한 학생이다. 그 결과 신 군은 서강대학교에 사회통합특별전형으로 경제학과에 합격하는 영광을 누렸다.

신 군이 봉사활동을 할 때도 경제와 관련성 있게 계획을 세울 정도였다고 한다. 먼저 친구 4명과 '사랑의 머슴들' 이라는 봉사동아리를 만들었다. 그리고 직접 일해서 봉사활동에 필요한 비용을 모았다. 신 군과 친구들은 새벽에 신문을 돌리고, 건설 현장에서 벽돌을 나르며 돈을 벌었다. 스스로의 힘으로 봉사활동을 해야 한다는 확고한 신념이 없었다면, 하지 못했을 일이다. 또한 봉사활동에 참여하지 못하는 친구들에게 물건을 기부받아 벼룩시장에 내다 팔았다. 신 군과 친구들은 주로 여주의 요양 전문병원에서 봉사활동을 했다. 말기 중증 환자들이 요양하는 병원으로 모든 비용이 무료였다. 따라서 자원봉사자들이 많이 필요한 병원으로, 신 군과 친구들은 한 달에 한 번씩 자원봉사로 일했고 동아리 이름으로 돈이 모일 때마다 기부했다. 그리고 신문의 독자투고란에 '함께 할 영혼' 이라는 제목으로 글을 쓰기도 했다. 요양 병원에서 자원봉사자들이 많이 필요하다는 사실을 널리 알리기 위해서였다.

신 군과 사랑의 머슴들 친구들은 봉사만을 목표로 하지는 않았다. 모두 사회와 경제에 관심을 가진 친구들이었기 때문에 일주일에 한 번씩 모여서 공부했다. 일주일 동안 각자 맡은 부분을 공부해 서로 강의를 하고 문제를 내서 풀었다. 잘 모르는 부분이 있으면 따로 정리해 한 달에 한 번씩 경제 선생님을 찾아가 물어 보았다.

다 함께 꾸준히 공부한 결과, 신 군을 비롯한 3명이 KDI경제경시인 경제한마당에서 수상하는 쾌거를 거두었다. 또한 지금까지 쌓은 실력을 평가하기 위해 응시한 AP시험에 미시경제학과 거시경제학에서 높은 점수를 받았다.

신 군은 이와 같이 철두철미한 계획과 꾸준한 실천 노력을 입시에서 높이 평가받았고, 마침내 원하는 학교에 성공적으로 진학했다.

저는 인하대학교 사회과학부 신입생 윤슬기입니다. 어릴 때부터 방송사 MC가 꿈이었고, 이제 꿈을 이루는 첫 관문을 돌파한 셈이지요.

학창시절, 저는 제 꿈을 이루기 위해 공부 외에 여러 가지 경험을 했습니다. 본래 말솜씨가 좋아 친구들을 앞장서서 이끄는 편인데다 사람들 앞에 나서는 일을 좋아했기에 교내 방송반활동을 열심히 했어요. 각종 교내 행사에서 사회를 도맡아서 무대 경험을 쌓았고요. 직접 연극 동아리를 만들어 고아원이나 장애자 재활원 등에서 공연 봉사활동을 주도적으로 펼쳤지요.

한 번은 친구들과 다큐멘터리를 찍기도 했습니다. 태안 기름 유출사건과 그 이후라는 작품으로 제가 내레이션을 맡았습니다. 비록 전문가들이 보기에 어설플지 몰라도, 저희 나름대로 날카로운 문제의식과 비판을 담아 만들었답니다. 이 일로 저는 사회문제에 대해 깊은 관심을 가지고 공부하게 되었어요. 그 덕분에 모 방송국에서 주최한 청소년들의 컴퓨터 게임의 유해성에 대한 고등학생 토론 대회에 학교 대표로 나갔지요. 저는 함께 대표로 뽑힌 친구들을 이끌고, 토론대회를 대비해 철저히 자료를 모았어요. 컴퓨터 게임이 청소년들에게 미치는 긍정적인 영향을 10가지, 부정적인 영향을 10가지 뽑고 각각 예상 반박 질문을 뽑아 답변을 준비했지요. 그리고 근거 자료도 꼼꼼히 준비했습니다. 그 결과, 저희는 토론대회에서 대상을 차지하는 영예를 안았답니다.

저희 학교에서는 학생들이 동아리를 만들면 담당 선생님이 그 성격을 확인해서 인증해 주는 제도가 있어요. 이 제도는 학생들이 한 활동을 대학교에 효과적으로 알려 주는 제도예요. 저는 친구들을 설득해 학습 동아리를 만들어 내신공부를 했어요. 그래서 단 한 번도 학원을 다니거나 과외를 받지 않아도 우수한 성적을 받을 수 있었지요. 담당 선생님은 이 부분을 아주 높게 평가해 주셨어요. 그리고 입학사정관제에서도 긍정적으로 평가받아 성공적으로 대학 진학을 할 수 있었어요. 실제로 저를 면담한 입학사정관은 학생이 아니라 전문 방송인을 만난 것 같다고 했답니다.

# 열정과 집념으로 입시 관문을 뚫다

오로지 열정만으로 대학에 합격한 학생들이 있다. 어떠한 어려움이 있어도 열정으로 이겨 내고, 불도저와 같은 집념으로 좁은 대학 입시의 관문을 뚫은 학생을 소개한다.

정인경 학생은 일반 인문계고등학교 출신이지만 철저한 자기관리와 열정으로 입학사정관들에게 인정을 받아 연세대학교 생명과학공학부에 입학했다.

정인경 학생이 생명과학공학부를 지원하게 된 동기는 고등학교 2학년 여름방학 때 할아버지가 대장암으로 입원하신 일이 계기였다. 정인경 학생의 할아버지는 평생 어업에 종사하시며 가족들에게는 마도로스 할아버지로, 주변 사람들에게는 멋진 선장님으로 불리는 분이었다. 평소 누구보다도 건강하고 활기차던 할아버지가 대장암으로 쓰러지자 가족들은 엄청난 충격을 받았고, 특히 할아버지의 총애를 받던 정인경 학생은 할아버지를 걱정하느라 잠도 이루지 못할 지경이었다. 혹시나 하는 마음에 의사 선생님들을 찾아다니며 대장암의 원인과 치료법을 물었지만 아무 소용이 없었다.

결국 할아버지는 안양에 있는 모 병원에서 조혈모세포 치료를 받기로 했다. 조혈모세포 치료 기술은 일본에 있는 기술로 비용이 많이 들고, 환자 몸에 무리가 가는 치료법이다. 정인경 학생의 할아버지는 조혈모세포 치료를 끝까지 받지 못하고 그만두었다.

정인경 학생은 힘들어하는 할아버지를 보며 제 나름대로 열심히 대장암 관련 자료를 찾아보다 유전자 치료법을 알게 되었다. 유전자 치료법은 획기적인 치료법이기는 하나 자칫 잘못하면 환자가 목숨을 잃을 수도 있는 치료법이었다. 정인경 학생은 두꺼운 의학 서적을 정독하며 할아버지를 위한 치료법을 찾아나갔다. 그러나 얼마 지나지 않아 할아버지는 세상을 떠나셨다. 떠나시는 순간에도 사랑하는 손녀의 손을 꽉 잡으며 웃어 주셨다고 한다.

정인경 학생은 할아버지의 장례를 마치고 새로운 결심을 했다. "앞으로 난 할아버지처럼 난치병을 앓는 사람들을 돕겠어!" 사실 정인경 학생은 할아버지를 위한 치료법을 찾느라 학교 공부를 등한시했다. 그래서 성적이 좋지 않았지만, 그동안 해 온 각종 치료법 특히 유전자 치료법을 연구한 자료를 모아 정리했다. 정인경 학생이 만든 자료를 받아 본 연세대학교 입학사정관은 정인경 학생의 열정과 노력에 감탄을 금치 못했다. 이처럼 정인경 학생은 할아버지의 병환을 계기로 숨어 있던 특성과 잠재력을 계발했고, 뚜렷한 꿈을 품게 되었다.

# 노력하는 사람은 천재도 이길 수 없다

누구나 살다 보면 여러 위기를 맞게 된다. 하루하루 끼니를 걱정해야 할 만큼 경제적 위기를 맞기도 하고, 본인이나 가족이 아파서 괴로워하기도 한다. 사람마다 위기를 대하는 자세가 다른데 쉽게 좌절하고 체념하는 사람이 있는 반면, 집념과 끈기로 위기를 극복하는 사람이 있다. 이번에는 끈질기게 노력해서 어려움을 이기고 대학에 진학한 학생을 소개한다.

저는 경희대학교 관광학부에 합격한 강한미입니다. 지금 어려운 환경에서 공부하시는 분들을 위해 제 이야기를 하려고 합니다.

제가 어릴 때, 저희 아버지는 사업에 실패하셨습니다. 이후 저희 집은 정말 말도 못하게 어려워졌지요. 사업 실패로 생긴 빚을 갚기 위해 집이며 가구며 가진 전부를 팔아야 했습니다. 하지만 빚을 다 갚기에는 턱없이 부족했습니다. 아버지는 어떻게 해서든 빚을 갚으려고 전국을 돌아다니며 돈을 버셨습니다. 아마 모르긴 몰라도, 당시 아버지는 안 해 본 일이 없으셨을 거예요. 어떨 때는 공사장에서 막노동꾼으로, 어떨 때는 고기잡이배에서 선원으로 일하셨다고 했습니다.

어머니는 부잣집에서 숙식하며 가정부로 일하셨습니다. 어머니가 말씀하시기를 그 집에는 저와 비슷한 또래의 학생이 있었대요. 그 아이가 좋은 옷을 입고, 좋은 음식을 먹는 모습을 볼 때마다 제 생각이 나서 남 몰래 눈물을 흘리셨다고 하더군요.

제 동생은 시골 친척집에 보내졌습니다. 저는 부평의 모 복지 시설에서 생활하면서 인천에 있는 상업계열의 고등학교를

## 경희대학교 입학사정관제

경희대는 입학사정관 전형으로 수시 1차에서는 네오르네상스전형 140명, 과학인재전형 27명, 국제화전형 320명, 재외국민전형 47명을 뽑는다. 정시모집 나군에서는 어려운 가정형편을 극복한 학생을 선발하는 사회배려대상자 전형을 실시하여 144명을 뽑는다. 모든 입학사정관 전형에서 공통적으로 서류평가를 하며 네오르네상스전형과 국제화전형은 면접고사를 치른다. 서류 평가는 '공통' '특기' '학업'의 세 가지를 중점으로 평가한다.

다녔지요.

이처럼 저희 가족은 뿔뿔이 흩어져서 생활해야만 했습니다. 너무나도 외롭고 힘든 생활이었지요. 가족이 보고파서 혼자 우는 날이 참 많았습니다. 한참 울고 난 다음에는 다시 마음을 다잡았어요. "남들보다 힘들면 남들보다 더 노력하면 돼. 그래서 반드시 가족들이랑 함께 살 거야."

제가 만일 어려운 환경에 좌절하고 체념했다면, 대학의 문턱도 넘지 못했겠지요. 저는 힘들고 어려울 때마다 이를 악물고 공부했습니다. 고등학교 내내 일등을 놓친 적이 없었습니다. 제 머리가 좋기 때문이 아니라 누구보다 절실했기 때문이었습니다. 저는 장학금을 받지 못하면 고등학교를 다닐 수 없었으니까요.

저는 조그마한 집이라도 얻어 온가족이 함께 사는 것이 꿈이에요. 그리고 가족들

'공통' 요소는 학생이 작성한 자기소개서의 내용과 교사 추천서를, '특기' 요소는 학교생활기록부의 비교과 활동과 초·중·고의 포트폴리오를, '학업' 요소는 학교생활기록부 교과 영역 성적과 기타 실적으로 구분해 종합평가한다. 가정형편이 어려운 학생과 모집단위와 관련된 활동이 많은 학생에게는 가산점을 준다. 추천서를 받을 때에는, 평범한 내용보다 '개인적인 일화'나 '수업 중에 던진 질문' 등 구체적이고 생생한 추천서를 받도록 한다.

면접 평가는 학업적성면접과 인성면접으로 나뉜다. 1차 학업적성면접은 지원자가 제출한 서류에 대한 '실적 재확인', 해당 전공에 대한 '학업 열의', 계열별 '학업 기초지식'에 대해 개인별(15분)로 평가한다. 2차 인성면접은 의사소통능력과 논리력, 인성과 리더십, 대학 창학 이념과의 적합도를 집단토론(1시간)을 통해 평가한다.

네오르네상스전형에 지원하려는 학생은 입학정보 홈페이지의 추천시스템에 사전 등록하면 입학사정관이 대상자를 선정해 모니터링하며 필요할 경우 직접 만나고 면접 때 기초자료로 활용한다.

경희대학교의 가장 특색 있는 사항은 바로 학교생활기록부 비교과 영역에 중점을 두어 평가한다는 점이다. 따라서 자기소개서와 추천서에서는 결과보다 과정을 구체적으로 기록하고, 지원한 모집단위 전공과 관련한 계획과 목표를 명확하게 표현해야 한다.

이랑 여행을 가고 싶어요. 소박하다면 소박할 수 있지만, 지금 제게는 정말 큰 꿈이랍니다. 힘들 때마다 여러 여행 관련 책을 읽으며 가족들과 여행하는 상상을 하곤 하지요. 그러면 신기하게도 힘이 쑥쑥 솟아나요. 아, 책을 살 돈이 어디서 나냐고요? 전 돈이 없어서 학교 도서관을 이용해요. 그 덕분에 무료로 많은 책을 읽었고, 교육과학 기술부 주관 독서대회에서 금상을 타기도 했지요.

또한 저는 봉사활동에도 관심이 많습니다. 가족과 떨어져 생활하기 때문에 혼자 계시는 분을 보면 마음이 참 아파요. 그래서 학교가 끝나면 시간을 내어 근처 복지원에 들렀지요. 복지원에서 저는 많은 것을 배웠습니다. 복지원 원장님에게 칵테일 기술을 배웠고, 복지원에서 만난 미용실 원장님에게 미용 기술을 배워 미용사 자격증까지 땄습니다. 그리고 어느 분께서는 경희대학교 '사회배려자대상자전형'을 제게 알려 주셨습니다. 비록 형편이 좋지 않았지만 많은 분이 격려해 주신 덕분에 지원할 수 있었고, 마침내 합격의 영광까지 누렸지요.

이처럼 입학사정관제는 다양한 사람들에게 다양한 기회를 줍니다. 저처럼 형편이 어려운 사람들에게도 공정한 기회를 준답니다. 그러니까 지금 가정형편이 어렵다고 지레 포기하지 마세요. 현재를 이겨 내고, 더 나은 미래를 꿈꾸며 노력하세요. 성경 말씀에 "두드려라, 그러면 열릴 것이다."라고 하지요. 정말입니다. 저 또한 입학사정관이라는 기회를 두드려 대학합격의 문이 열렸으니까요.

# 재능을 강력한 경쟁력으로 갈고 닦다

사람은 동물과 다르게 자기 생각을 언어로 표현할 수 있다. 이 언어를 훌륭히 다루어서 글을 쓴 학생들 가운데 재능을 인정받아 대학 진학에 성공한 학생들의 이야기를 들어 보자.

건국대 인문학부에 합격한 천민제 군은 고등학교 2학년 때(2007년 11월) 가족붕괴의 현실을 다룬 소설 《리메이킹 라이프》를 출간했다. 현재 천 군은 출판등록까지 마친 엄연한 소설가로 인문학부에 지원한 동기도 소설가의 꿈을 키우기 위해서다.

천 군은 초등학교 5학년 때부터 책에 관심을 가졌고, 중학교 때에는 책을 읽다가 문득 나만의 글을 쓰고 싶어졌다고 한다. 중학교 2학년 말부터 학교생활을 주제로 한 단편소설(원고지 80매 분량)을 쓰기 시작했다. 2~3주에 한 편씩, 중학교를 마칠 때까지 단편소설을 약 20편 썼다.

천 군은 자기소개서에서 지금까지 소설을 쓴 경험을 쓰고, 이를 토대로 인문학부에서 유명 소설가의 꿈을 펼쳐 나가겠다는 내용을 강조했다. 그리고 학부 1학년 때 반드시 문단에 등단하겠다고 밝혔다. 입학사정관들은 이러한 천 군의 노력과 포부를 높이 평가하여 인문학부 합격을 결정했다.

## 건국대학교 입학사정관제

건국대학교는 1단계 서류심사와 2단계 심층면접을 통해 지원자의 전공 적합성, 인성과 재능, 잠재능력 등을 종합적으로 평가해 뽑는다.

리더십전형은 전교 총학생회장, 부총학생회장, 학년학생회장으로 활동했거나 재임 중인 학생을 대상으로 선발한다. 구체적인 사례를 통해 어떤 상황에서 어떻게 리더십을 발휘했으며 어떤 성취를 이루고 역경을 극복했는지가 중요한 평가 요소다.

자기추천전형은 학교생활을 통해 특별한 경험 혹은 특정 분야에서 뛰어난 자질이나 재능이 있어 지원하는 전공에 적합하다고 생각하는 학생이 스스로 자기를 추천할 수 있는 전형이다. 자기추천전형은 지원자들이 1박 2일 동안 합숙하며 심층면접을 한다. 지원자가 가진 재능과 잠재력을 최대한 이끌어 내어, 면밀하고 객관적으로 파악하기 위해서다.

리더십전형에서는 단순히 학생회장이나 반장 등 리더의 지위가 아니라 리더로서 어떤 일을 어떻게 했는지를 중요하게 평가한다. 자기추천전형에서는 일회성 활동이나 수상 내역이 아니라 전공 분야에 대한 지속적인 관심과 활동이 매우 중요하다.

숭실대학교 문예창작과에 입학한 하문원 군은 동화작가가 꿈이다. 하 군은 동화작가 어머니의 영향을 많이 받아 어릴 때부터 동화책을 많이 읽었다. 글을 모르던 아기 때에도 그림책에서 눈을 떼지 못했고, 글을 읽고 쓰고 할 무렵에는 스스로 동화를 짓기 시작했다.

초등학교에 들어가서는 크고 작은 글짓기대회에 나가 상을 휩쓸어 왔고, 5학년 때 국세청 글짓기대회에서 금상을 타기도 했다. 중학교, 고등학교 때에는 보다 많은 사람에게 글을 보여 주고 싶어 인터넷 블로그에 글을 올리기 시작했다. 누리꾼들은 처음에 동화를 아이들이나 보는 글이라며 폄하했지만, 시간이 지날수록 하 군의 작품을 인정하고 좋은 작품을 쓰도록 격려했다.

하 군은 또래 학생들이 공감할 수 있는 청소년 대상 동화를 주로 써서 인기를 끌었다. 본인이 청소년이다 보니 누구보다 청소년들의 심리를 정확히 표현할 수 있었기 때문이다. 그 덕분에 하 군은 유명 문예지가 주최한 청소년 문학상 공모전에서 당당히 최우수상을 받았다. 하 군은 대학 특기자전형을 지원할 때 자신의 블로그 주소 및 지금까지 써왔던 동화 몇 편을 인쇄해 제출했다. 그리고 아이들만을 위한 동화가 아니라 청소년과 어른들도 즐겁게 읽을 수 있는 동화를 쓰고 싶다는 포부를 함께 밝혔다.

## 숭실대학교 특기자전형

숭실대학교는 특기자전형을 입학사정관 전형으로 분류하지 않는다. 그러나 입학사정관이 심사하지 않을 뿐이지, 그 어떤 대학의 입학사정관 전형보다 가장 입학사정관 전형의 취지에 맞게 학생을 선발한다. 또한 앞으로는 입학사정관들이 전형에 부분적으로 참여할 예정이라고 한다. 따라서 입학사정관 전형으로 문예창작 전공을 지원하는 학생이라면 숭실대학교 문학 특기자전형은 매우 매력적일 것이다.

숭실대학교는 수시 1차에서 글로벌 인재전형이라는 입학사정관제를 도입했다. 글로벌 인재전형은 영어 · 중국어 · 일본어의 공인 인증시험에서 일정 성적 이상을 획득한 학생들을 대상으로 한다. 1차 서류전형을 통해 3배수를 선발하고, 2차 심층면접에서는 1차 서류전형 성적과 심층면접을 통해 최종 합격자를 가린다. 1차 서류전형은 어학 성적과 학교생활기록부, 자기소개서를 평가한다. 특히 '글로벌인재성장계획서'라는 서류를 받아 글로벌 인재로서 진정성과 열정을 심사한다. 2차 심층면접은 다면 평가로 진행된다. 학과 교수 2명과 사정관 1명이 배석해 학과 교수들이 전공 분야에 대해 면접하고, 사정관들은 전공 이외의 항목들을 평가한다.

숭실대학교의 입학사정관 전형은 모두 정원 내로 뽑고 입학사정관들이 서류평가와 심층면접, 최종사정까지 참여한다. 특히 숭실대학교는 입학사정관이 독자성과 신뢰성을 확보할 수 있도록 기존 입학관리과와 별도로 입학사정본부를 두고 명예교수를 책임 사정관으로 위촉해 그 역할을 수행하도록 한다.

# 단점을 극복하니 장점이 되다

세상에 단점이 없는 사람은 없다. 다만 자기 단점에 굴복하여 열등감과 피해의식으로 세상을 살아가느냐, 아니면 단점을 장점으로 바꾸거나 장점을 더욱 키워 단점을 이겨 내느냐다. 여기에서는 단점을 장점으로 바꾸어 대학 진학한 학생들을 소개한다.

저는 서울여자대학교 국문학과에 입학한 배하나입니다. 사실 저는 소심하고 수줍은 소녀였어요. 물건을 살 때도 가게 주인아저씨의 눈을 마주치지 못할 정도였으니까요. 그러던 제게 꿈이 생겼습니다. 바로 TV 방송에 나오는 아나운서요! 똑바른 시선과 또박또박 단정한 말투, 전국 수많은 사람이 보고 있을 방송 카메라 앞에서 당당하고 기품을 잃지 않는 모습이 어찌나 매력적이던지! 전 그만 아나운서라는 직업에 푹 빠졌답니다. 그러나 소심한 제 성격은 아나운서와 전혀 맞지 않았습니다. 사람들 앞에서 몇 마디 해도 금방 얼굴이 새빨개져 버리는 걸요. 그래서 저는 제 성격을 완전히 바꾸기로 결심했습니다.

먼저 연극 동아리에 들어가서 무대 경험을 쌓고, 사람들 앞에 서는 일에 조금씩 익숙해졌지요. 그리고 학교 방송부에 들어갔습니다. 친구들과 방송 프로그램을 짜고, 직접 마이크 앞에 서서 방송 멘트를 읽었지요. 시간 날 때마다 큰 소리로 또박또박 발음 연습을 했고요. 그러다 보니 소심한 제 성격이 어느새 적극적이고 발랄하게 바뀌었더군요. 이제 주변에 친구들도 많이 생겼답니다.

저는 고등학교를 졸업하기 전에 기억에 남을 일을 꼭 하나 하고 싶었습니다. 그래서 방송부와 연극 동아리 친구들을 모아 예쁘고 고운 우리말의 발음과 표현을 배우는 홍보 영상을 만들었습니다. 저희가 만든 홍보 영상은 친구들에게 큰 이슈가 되었고, 곧 인터넷에 올라갔지요. 그리고 단박에 인터넷 UCC 인기스타가 되었답니다.

제게는 이 홍보 영상이 곧 대학 합격의 열쇠가 되었습니다. 서울여자대학교에서 저희가 만든 홍보 영상을 보고, 제 잠재력을 더 높이 평가했거든요. 앞으로 저는 더욱더 노력해서 꼭 아나운서의 꿈을 이루겠습니다.

# 봉사활동, 대학과 통(通)하다!

여러분은 힘없고 어려운 사람들을 볼 때 어떻게 하나? 가슴속 깊이 돕고 싶은 생각이 들면서도 선뜻 손 내밀지 못하리라. 그런데 간혹 순수하고 아름다운 마음씨로 어려운 사람들을 돕고, 그 마음을 인정받아 대학 합격의 영예를 얻은 학생들이 있다.

저는 '기독학생 특별전형'으로 명지대학교 청소년지도학과에 입학한 김의현입니다. 기독학생 특별전형은 입학사정관 전형이랍니다. 만약 입학사정관 전형이 아니었다면, 저는 지금 대학 문턱을 넘지 못했을 거예요.

사실 저는 고등학생이 되기 전까지 문제가 많은 학생이었습니다. 선생님들은 저를 꺼려했고, 친구들은 저를 무서워했지요. 틈만 나면 주먹질을 하고, 이런저런 못된 짓은 전부 하고 다녔고요.

그런 저를 이점용 목사님이 바꾸어 놓으셨습니다. 목사님을 처음 만난 날, 전 여느 때와 마찬가지로 중학생들에게 돈을 뺏고 있었지요. 목사님은 자전거를 타고 가시다가 그 모습을 보고 호통을 치셨어요. 저는 화가 나서 목사님에게 대들었지만, 목사님을 때려눕히기는커녕 몸에 손 하나 대지 못하고 무릎을 꿇고 말았습니다. 신기했습니다. 목사님이 어떻게 제 주먹을 요리조리 피하셨는지, 그리고 어떻게 저를 단박에 제압했는지 알고 싶었습니다. 그래서 뻔질나게 교회를 들락대며 목사님을 찾아다녔지요.

처음에는 단순히 '제압의 기술'이 알고 싶었을 뿐이었지만, 시간이 지나자 저는 점

## 명지대학교 입학사정관제

명지대학교는 수시 2차에서 기독학생 특별전형에 입학사정관제를 도입한다. 기독학생 특별전형은 지원 자격이 명지대학교 설립 이념에 부합하는 순수복음주의 기독교 세(침)례 교인이며, 한국기독교협의회(KNCC), 한국기독교 총 연합회(CCK) 회원 교단의 목회자로부터 추천을 받은 수험생을 대상으로 한다. 입학 전형은 3단계로 진행된다. 1단계에서는 입학사정관이 서류심사에 참여하여 지원자 전체의 자격 여부를 심사하고, 2단계에서는 서류

심사를 통과한 지원자들을 학교생활기록부 성적(100%)으로 평가해 면접 인원(모집 정원의 6배수)을 선발한다. 마지막 3단계에서 학교생활기록부 성적(50%)과 입학사정관(목사 · 목회자 · 교원)이 참여하는 심층면접(50%)을 통해 학생을 평가하고 최종 선발한다. 수능의 최저학력 기준은 없고, 입학사정관의 객관적 평가를 위해 지원자는 고등학교 재학 중 교내외(교회활동 포함) 봉사활동 내역과 수상 실적 등을 포함한 증빙서류를 제출해야 한다.

점 교회 안에 따뜻한 사랑을 실천하는 사람들을 보게 되었습니다. 대가를 바라지 않고, 어렵고 힘든 이웃을 위해 묵묵히 봉사하는 모습을 보며 많은 생각을 했습니다. 그리고 저도 자연스레 봉사활동을 시작했습니다. 누군가를 때리고 위협할 때 쓰던 손을 남을 위해 쓰면서 저는 새로운 기쁨과 보람에 눈떴습니다. 그리고 이 목사님이 알려 주신 기독학생 특별전형으로 대학교에 입학했답니다. 지금 교회에서 제 별명은 '봉달' 입니다. '봉사의 달인'을 줄인 말이지요. 봉사활동으로 삶을 바꾸고, 대학까지 합격했으니 과연 '봉달'이라고 불릴 만하지요?

# 비 온 뒤에 땅이 굳는다

누구도 완벽한 인생을 살 수 없다. 오히려 시행착오를 겪으며 앞으로 나아가는 것이 바로 인생이다. 늦었다고 할 때가 가장 빠르다는 말이 있다. 삶의 목표를  정할 때도 여러 경험을 두루 해 보고 신중하게 정해야 한다. 초조해서 성급히 정했다가는 후회하기 일쑤다. 물론 잘못되었다고 판단될 때는 지체하지 말고 바로잡아야 한다.

저는 경희대학교 골프경영학과에 재학하고 있는 김버디입니다. 제 자랑을 하자면 IQ가 무려 150이 넘고 성격도 좋은 편이에요. 하지만 이상하게도 전 공부를 못했어요. 공부보다는 초등학교 5학년 때부터 취미 삼아 배운 골프를 더 잘하고 좋아했지요. 스스로 좋아서 하다 보니 자연히 실력이 향상되고, 어느새 신문이나 방송에서 제 이름이 나올 정도가 됐어요.

고등학생이 되자 주변에서는 제가 당연히 골프만 해야 되는 줄 알더라고요. 그때부터였어요. 더는 골프가 즐겁지 않고 부담스러워졌어요. 그냥 다른 친구들처럼 학교 공부를 하고 친구들과 어울려 놀고 싶었지요. 부모님과 코치님은 골프에 전념하라고 하셨지만, 제 귀에 들리지 않았어요. 나날이 골프 성적이 떨어지고, 저는 혼란스러워하기만 했어요. 결국 고등학교 2학년 때, 부모님 몰래 학교를 자퇴했어요. 그리고 검정고시학원을 다녔는데 곧 들통이 났답니다. 그때 부모님은 제게 건 기대가 큰 만큼 충격도 컸던 모양입니다. 저를 심하게 나무라시며 학교로 돌아가라고 하셨지만 전 끝까지 듣지 않았어요. 제 마음속에서 아무것도 해결되지 않았는데, 어떻게 앞으로 나갈 수 있겠어요? 아무도 이런 저를 이해하지 못했어요. 제 고민에도 귀를 기울여 주지 않았지요. 과연 저는 골프 외에는 아무것도 할 수 없는지, 자의가 아니라 타의로 결정한 미래에 어떤 가치가 있는지, 제 자신이 한없이 초라하고 비참하기만 했어요.

그러다 우연히 손향우 선생님을 만났습니다. 저는 선생님과 많은 이야기를 나누었어요. 선생님은 제게 무엇도 강요하지 않으셨지요. 항상 제 생각을 먼저 물으시고, 귀 기울여 들어주셨어요. 그리고 제게 독서를 권하셨어요.

"짧은 시간 동안 많은 경험을 하려면 책이 적격이란다. 책을 통해 네가 찾고 싶은 것을 찾아보렴."

그 뒤로 저는 시간만 나면 책을 읽었습니다. 책을 많이 읽으면 읽을수록 제 시야가 점점 넓어졌지요. 새로운 사실을 알게 되고, 제 자신을 되돌아보게 되었고요. 어릴 때 배우다 그만두었던 피아노를 다시 배우기 시작했고, 골프 연습도 재개했습니다. 전 골프가 싫은 게 아니라 저와 골프가 동일시되는 것이 싫었다는 사실을 깨달았으니까요. 그러면서 저는 차차 제 진로에 대해 진지하게 생각했고, 선생님에게 자문을 구했습니다. 그리고 마침내 저는 오랜 방황의 종지부를 찍었습니다. 바로 세계적인 골프 경영자가 되고 싶다는 꿈을 찾았거든요. 아직 열악한 국내 골프 환경을 제 손으로 세계 일류로 끌어올리고 싶어졌어요. 그러자 눈앞이 탁 트이면서 미래가 보였습니다. 제가 무엇을 해야 하고, 앞으로 어떻게 나아가야 하는지…….

저는 우선 영어공부를 시작했습니다. 세계적인 골프 경영자가 외국 선수와 말 한마디 못한다면 창피하니까요. 처음에는 쉬운 문장 하나 해석하지 못할 정도로 형편없었지만, 꾸준히 공부한 덕분에 지금은 어느 정도 술술 읽을 만큼 실력이 향상되었답니다.

이제 골프는 제게 제 꿈을 이루기 위해 함께 해야 할 동료가 되었습니다. 전 복학하기 위해 공부와 훈련에 매진했고, 복학한 다음에는 서울시 골프대회에서 1위, 전국대회 3위를 차지하기도 했답니다. 모의 수능 성적도 많이 올랐고요.

자신감을 회복한 저는 경희대학교 골프경영학과 진학을 당면 목표로 삼았습니다. 세계적인 골프 경영자를 꿈꾸는 제게 경희대학교 골프경영학과만큼 딱 맞는 학과는 없다고 생각했거든요. 그리고 선생님이 도와주신 덕분에 저는 무사히 경희대학교 골프경영학과에 진학했습니다. 막바지에 수능 공부를 열심히 하기는 했지만, 다른 친구들에 비해 성적이 낮았지만 제 꿈과 열정을 인정받았기 때문에 당당히 합격할 수 있었습니다.

지금도 대학 면접 때 들었던 말을 잊을 수 없네요. "김버디 학생은 큰 잠재력을 가지고 있군!" 이 말 한마디로 저는 남들과 조금 다르게 살아온 제 학창 시절을 고스란히 인정받았답니다. 그리고 꿈과 열정으로 노력하면, 무엇이든 이룰 수 있다는 자신을 얻었지요. 앞으로도 저는 힘들고 어려울 때마다 이 말을 떠올리며 더욱 더 노력할 것입니다.

## 사례 2

오하이오 주립대 경영학과에 합격한 강충모 군은 본래 한국에서 고려대학교 화학과 학생이었다. 대학 입학하고 딱 1년이 지나자 휴학을 하고 군대를 다녀왔다. 그리고 제대한 다음, 복학하지 않고 건설 공사장에서 일용직으로 일하거나 주유소 아르바이트를 하는 등 여러 일을 하며 돈을 모았다.

강 군은 돈을 많이 모으면 해외로 배낭여행을 떠날 생각이었다. 사실 강 군의 아버지는 모 건설회사의 대표이사로 경제적으로 부족함이 전혀 없었다. 그럼에도 불구하고 강 군은 스스로 돈을 벌어 여행을 하고 싶어 했다.

필자는 강 군이 제대한 다음에도 복학하지 않아 아버지와 갈등이 심할 때, 강 군을 만났다. 강 군은 '문과를 나오면 일자리를 구하기 힘들다' 라는 아버지의 말에 따라 화학과에 입학했지만, 도저히 적성에 맞지 않아 휴학을 감행했다고 했다. 그리고 경영학으로 전공을 바꾸겠다고 아버지를 설득했지만, 아버지가 완강히 반대하셔서 뜻을 이루지 못하고 있다며 괴로워했다.

필자는 강 군과 많은 이야기를 나눈 끝에, 강 군이 정말 경영학을 공부하고 싶어 할 뿐만 아니라 남다른 자질을 갖고 있다는 사실을 확인했다. 그래서 강 군의 아버지를 만나 설득해 보려 했으나 실패했다. 강 군의 아버지는 어려운 가정환경 속에서 혼자 힘으로 건설 기술을 익혀 자수성가하셨다. 따라서 남자가 사회에서 성공하려면 특별한 기술을 가지고 있어야 하며, 책상 앞에 붙어 있어 봤자 제 밥벌이도 못한다고 생각하셨다.

필자는 아버지를 설득하느라 지쳐가는 강 군이 안타까웠다. 그래서 강 군의 의견을 존중하여 수개월 동안 상담하였고, 강 군이 해외여행을 떠날 수 있도록 도왔다. 강 군은 여러 아르바이트를 하며 모은 돈으로 무작정 배낭여행을 떠났다. 배낭여행에서 돌아오자 강 군은 고려대학교에 복학하지 않고 유학을 준비했다. 해외에서 보고, 듣고, 겪고, 느낀 경험이 강 군에게 새로운 꿈을 심어 준 것이다.

강 군은 스스로 노력하여 미국 오하이오 주립대학교에 입학 허가를 받았고, 메이그 교수가 쓴 《Fiancial Accounting》이라는 재무회계 책을 원서로 공부하며 대학 공부를 준비했다. 그리고 아버지의 반대를 뿌리치고, 당당히 미국 유학길에 올랐다.

현재 강 군은 미국 오하이오 주립대학교에서 전 과목 A학점을 받아 학교에서 학비를 지원받는 장학생이다. 이제 강 군은 웃으며 말한다.

"처음부터 제가 하고 싶었던 경영학을 했더라면 방황하는 시간을 줄일 수 있었겠지요. 하지만 아버지가 반대하셨기 때문에 더욱 강한 의지와 신념을 가질 수 있었고, 힘껏 노력할 수 있었다고 생각해요. 지금 저는 어떠한 어려움이 닥쳐도 이겨낼 수 있는 힘과 자신이 있어요."

# 입학사정관들이 추천하는 모범학교

낡은 입시 때는 학원에서만 공부해도 가능했다. 고등학교를 자퇴하고 학원에서 수능만 대비해 훨씬 효율적으로 대학에 가는 학생들도 있었다. 그러나 새로운 입시의 중심은 학교다. 김동춘 대전 대성고 교사는 "입학사정관들이 관심을 갖는 부분은 학교 안에서 벌어지는 교육 활동을 통해 학생이 잠재력을 어떻게 계발했는가에 대한 것"이라고 말했다. 그래서 앞으로는 부모의 지원보다 학교의 지원이 더 중요하다. 학교는 어떻게 학생들을 지원해야 할까. 입학사정관들이 분야마다 '모범 사례'를 선정했다.

# 안양 동안고

## 전교생 '개인 포트폴리오' 제2의 학생부로 자리 잡아

동안고(경기 안양시 · 공립)는 학교가 학생의 포트폴리오 관리를 책임진다. 상위권과 하위권을 막론하고 1800여명의 전교생이 모두 '개인 포트폴리오'를 지닌다. 올해 학기 초 학교가 전교생한테 나눠 준 '자아실현을 위한 비전설계노트'라는 문서 모음집이다. 학생들은 고교 3년의 모든 교육 활동을 문서에 기록해 '비전설계노트'에 보관하게 된다.

보관 대상이 되는 자료에는 내신성적, 수능 모의고사 성적뿐만 아니라 학업계획서, 희망 대학과 학과에 대한 정보, 입시설명회 참여 소감문, 봉사활동 확인서와 자료 사진, 임원 임명장, 상장, 논술 답안

### 학생부, 이렇게 지원해라

학생들이 내는 포트폴리오도 좋지만 입학사정관한테 가장 공신력 있는 전형자료는 학생부라는 점을 유념했으면 좋겠다. 포트폴리오에 무게를 두다 보면 사교육이 개입할 여지가 생기기 때문이다. 학생부만이 사교육이 대신할 수 없는 공교육의 고유 영역이며 따라서 우리는 학생을 직접 가르치는 교사의 평가를 존중한다는 원칙을 지킬 생각이다.

특히 교사들의 구체적인 평가가 기록되는 '과목별 세부 특기사항'과 '종합의견' 난에 관심을 쏟았으면 좋겠다. 아직까지는 한 문장을 복사해 붙이기 하는 것처럼 내용이 천편일률적이다. 이런 평가 내용을 비공개로 하는 것도 교육 당국은 검토해야 한다. 모든 내용이 공개되는 현재로서는 학생과 학부모의 항의가 있을 수 있어 교사가 솔직하고 객관적인 평가를 하는 데 한계가 있다.

(임진택 경희대 입학사정관)

지, 학교 교육 프로그램에 참여한 소감문 등이 있다. 학생의 고교 3년을 기록한 모든 문서가 해당된다. 이 학교 정종회 교사는 이런 자료를 스스로 모으면서 자기 미래를 주체적으로 고민할 수 있도록 돕고 싶어서 기획했다며 진로나 진학과 관련된 준비와 노력을 평가하는 입학사정관제에 대비하는 데 큰 도움이 될 거라고 기대하고 있다고 말했다. 포트폴리오 관리에는 교사들도 동참한다. 일주일에 한 번씩 교사는 그동안 학생들이 모은 자료를 검토해 도장을 찍어 내용을 증빙해 준다. 수업 시간에 접촉하는 것으로는 파악하기 힘든 학생들의 특기나 흥미 등을 꾸준히 관찰할 수 있다는 점에서 교육적으로도 의미가 있다. 학생들에 대한 다양한 정보를 기록한 '제2의 학생부' 로서 기능할 수도 있다.

## 대전 대성고

### 학교가 동아리활동 인증, 등록은 쉽게 심사는 철저

대성고(대전시 중구 · 사립)는 학교가 동아리의 보증을 선다. 동아리 활동에 지속성과 진정성이 있음을 학교가 보증하는 '동아리 인증 시스템' 을 통해서다. 이 학교 김동춘 교사는 지금까지는 학생부에 동아리 이름을 올리는 수준에 그쳤지만 이는 새로운 입시와는 맞지도 않을 뿐더러 교육적으로도 올바르지 않다며 활동하는 동아리를 만들기 위해 도입한 제도라고 말했다.

대성고는 학기마다 동아리 심사위원회를 연다. 심사위원회는 교감, 인문사회부

## 동아리활동, 이렇게 지원해라

입학사정관 전형에 지원하는 학생들을 보면 동아리활동이 근거가 되는 일이 많다. 학생들은 동아리활동을 선택할 때 좀더 신중하게 생각해야 하고 학교는 학생들의 동아리활동에 적어도 제한을 둬서는 안 된다.

사실 동아리는 학교의 대단한 관심이나 지원이 없어도 쉽게 활성화할 수 있는 교육활동이다. 같은 관심과 특기를 지닌 학생들이 모이면 자연스레 시너지 효과가 일어나는 게 '또래효과'다.

학교는 학생들이 모여서 활동할 수 있는 시간과 공간을 제공하는 것으로 충분하다. 앞으로 각 고교의 교육과정에 대한 정보를 모을 때 동아리 활동과 지원에 대한 내용도 수집할 계획이다.

(김경숙 동국대 입학사정관)

장, 자연과학부장, 진학 담당 교사, 동아리 담당 교사 등 다섯 명으로 구성되며 한 학기 동안 동아리가 활동한 결과를 평가해 인증서를 발급한다. 1학기에 열심히 활동한 동아리라도 2학기 활동 내용이 없으면 2학기에는 인증서를 받을 수 없다. 인증서를 못 받은 동아리는 학생부에도 기재되지 않는다. 학생들이 수긍할 수 있도록 심사기준표를 만들어 심사를 진행한다.

대신 동아리를 만드는 데 따르는 제한을 없앴다. 김동춘 교사는 예전에는 학생들끼리 모여서 동아리를 만들고 싶어도 지도교사를 구할 수 없으면 등록이 안 됐다며 어떤 동아리든 마음 맞는 학생들이 모여서 의미있는 활동을 했으면 학교는 인증서를 준다고 말했다. 동아리 인증 시스템을 운영하기 전에는 20개에 그쳤던 동아리가 현재 40여 개로 늘었다.

대성고 학생들은 수시모집에 지원할 때 동아리 인증서를 첨부하고 학교는 인증서가 발급된 배경과 동아리 인증 시스템에 대한 소개를 첨부한다.

# 서울 송곡여고

## 학교–봉사기관 직접 협약 '지역사회 나눔' 모델 제시

송곡여고(서울 중랑구 · 사립)는 지난해부터 '학교 주도적 봉사활동'을 시작했다. 근처의 서울시립 북부노인병원과 협약을 맺고 안정적인 봉사활동의 길을 열었다. 이정수 교사는 봉사활동에 의미를 부여하기 위해 학교와 병원의 협약식 날에는 병원 관계자와 학교 교사, 학부모, 학생 대표가 참여하는 현판식도 열었고 '송곡봉사단' 출범식도 따로 했다고 말했다.

학교와 봉사활동 기관이 협약을 맺으면서 봉사활동의 질이 달라졌다. 학생들은 책을 읽어 드리거나 손톱을 깎아 드리는 등 노인들과 직접 접촉할 수 있는 기회를 얻었다. 미술반과 음악반 학생들은 매주 금요일에 병원에서 열리는 음악치료과 미술치료반에 보조 교사로 봉사활동을 하고 있다. 100명의 봉사활동 지원자를

### 봉사활동, 이렇게 지원해라

단 한 차례의 국외 봉사활동보다 지역사회에서 지속적으로 봉사해 온 학생들이 훨씬 좋은 평가를 받을 수 있다. 따라서 학교가 다양한 봉사활동을 기획하고 발굴해서 학생들한테 제공하는 일은 매우 중요하다.

지금까지는 교내 봉사활동에 대한 관심이 적었지만 내용만 발굴된다면 다른 봉사활동에 견줘 훨씬 의미 있는 활동이 될 수 있다. 그래야 각 학교가 놓인 지역적인 격차의 문제도 자연스레 해소된다. 대다수의 농산어촌 지역은 학교 밖의 봉사활동 기관이 마땅치 않다. 문제는 아직 학교 스스로가 교내 봉사활동의 중요성을 제대로 인식하고 있지 못하다는 데 있다.

선착순으로 모집한 뒤 너댓 명씩 모둠을 구성해 각각의 모둠과 병실이 자매결연을 하는 방식이다. 학생들은 모둠별로 병원의 사회복지사와 직접 협의해 봉사시간과 봉사 일정을 조정한다. 학생들은 봉사활동의 결과를 사진이나 동영상 등 다양한 방식으로 기록한다. 송곡여고는 올해부터 이런 봉사활동의 결과물에 대해 상을 주는 '봉사대회'를 열 계획이다.

> 여전히 교내 봉사상은 상위권 학생한테 프리미엄을 몰아주는 식으로 활용된다. 교사들이 성적과 상관없이 진짜 봉사활동을 하는 학생들을 인정하고 학교 안에서 양질의 봉사활동을 할 수 있는 프로그램을 개발한다면 교내 봉사활동도 충분히 평가받을 수 있다.
>
> (김수연 가톨릭대 입학사정관)

## 서울 진명여고

### 매년 2회 '진로의 날' 개최, 미래 직업 · 학과 직접 지도

진명여고(서울 양천구 · 사립)의 달력에는 '진로의 날'이 두 번 있다. 1학기 때는 '희망 직업인과의 만남'이, 2학기 때는 '희망학과 선배들과의 만남'이 열린다. 올해로 벌써 9회째다. 해마다 40~50여 개에 이르는 직업과 학과에 대한 수업이 개설돼 전교생이 참여한다. 이 학교 조재경 진로상담부장은 특강을 개설하고 원하는 사람만 들으러 오라는 일회성 행사가 아니기 때문에 1년 내내 준비를 해야 한다며 행사 당일 간단한 강의 평가서를 제출해야 출석으로 인정되는 시스템이라고 말했다.

행사를 주관하는 진로상담부는 학기 초에 몇 반을 모집단으로 정해 지난해 개설 강의를 소개하고 올해 새롭게 알고 싶은 직업을 적어 내는 설문지를 배포한다. 그 내용을 바탕으로 새로운 40~50개의 직업 목록을 만든 뒤 상담부는 섭외에 들어간다. 조재경 교사는 학교 동문이나 교사들의 지인들을 총동원하는 작업이라며 섭외 과정에서 그해 실제로 개설할 수 있는 직업 강의 목록이 만들어진다고 말했다. 상담실은 확정된 직업 강의 목록을 공지하고 전교생한테 설문지를 다시 돌려 수강을 원하는 직업과 그 직업에 궁금한 점을 받는다. 전교생이 제출한 설문지는 각 직업의 예상 수강 인원이 되며 이때 지원자 수가 적은 강의는 강사와의 협의 아래 이듬해로 미뤄지기도 한다. 수거된 설문지는 강사들의 강의 준비를 위해 발송된다. '희망 학과 선배들과의 만남' 행사도 비슷한 순서로 진행된다.

〈출처 한겨레신문〉

## 진로 지도, 이렇게 해 줬으면 좋겠다

대학들이 학과별 모집을 실시하면서 앞으로는 학과별 인재상에 부합하는 학생을 선발할 것이다. 대학은 고교시절에 원하는 진로와 학과를 정하고 그와 관련된 활동을 해 온 학생을 뽑겠다는 입장이다. 그런 점에서 학교가 학생들의 진로 선택을 돕는 일은 이제 매우 중요한 학교의 교육활동이 됐다. 학교는 다양한 방식으로 학생들의 진로 지도 프로그램을 개발해야 한다. 방과 후 학교에도 직업 강의를 열 수 있다. 직업에 대한 실질적인 이해를 돕는 5~6회 강의를 만들고 수강한 학생들은 학생부의 '진로 지도 상황'에 기록해 준다. 방학에는 강사로 나섰던 직업인과 연계해 학생들이 직업을 체험할 수 있는 기회를 만드는 것도 좋은 아이디어다.

(전경원 건국대 입학사정관)

# 전문계 고등학교, 새로운 미래가 열린다!

입학사정관제에서 전문계고가 뜨거운 감자로 떠오르고 있다. 전문계 고등학교를 졸업하고 3년 이상 산업체에 근무하면 수능시험을 치르지 않고도 대학에 진학할 수 있는 길이 열렸기 때문이다. 교육과학기술부는 고등교육법시행령 개정안을 입법예고해 고졸 산업체 인력의 전문능력을 배양할 계획이다. 몇몇 대학은 이번 입시부터 제도 도입을 위한 준비에 나섰다. 다음은 전문계고 출신 학생이 어떻게 대학에 진학하는지 가상 시나리오다. 아직 시행되지 않은 제도이기에 가상 시나리오일 수밖에 없지만, 실제 인물을 모델로 했음을 밝힌다.

올해 스물다섯 살이 된 최지민 군은 요즘 바쁜 나날을 보내고 있다. 평일 낮에는 회사에서 일하고, 평일 저녁과 주말에는 대학교에서 공부하기 때문이다. 얼마 전, 최 군은 중앙대학교의 전문계 고등학교 출신 지원자 대상 입학사정관 전형에 응시해 산업체 특별학부에 합격했다.

사실 최 군은 고등학교를 졸업하고 4년 동안 (주)신선냉동에서 일했다. 남들은 MT다, 데이트다 즐거운 대학 생활을 보낼 때, 최 군은 회사에 들어가 냉동기술을 배웠다. 산업화 고등학교를 다니면서 식품공업과 발효공업에 관심을 가졌고, 자연스레 식품 관련 업체에 취업했다. 최 군은 냉동기술 관련 원서를 보기 위해 스스로 영어 공부를 하는 등 누구보다 열정적이었다. 하지만 혼자 공부하다 보면 한계에 부딪히는 경우가 많았다. 원서를 독파하기에 영어 실력이 부족했고, 혼자 이해하기 어려운 과학 원리도 많았다.

그러던 중, 최 군은 중앙대학교의 전문계 고등학교 출신자 특별전형을 알고 응시했다. 평소 열심히 노력하는 최 군을 높이 평가하던 회사에서도 흔쾌히 최 군을 추천했고, 지원을 아끼지 않았다. 최 군은 싱긋 웃으며 말했다.

### 중앙대학교 입학사정관제

중앙대학교는 2010년 입학사정관 전형에서 (가칭)산업체 특별학부를 신설해서 145명을 선발한다고 밝혔다. 전문계 고등학교를 졸업한 다음, 산업체에서 3년 이상 근무한 지원자를 대상으로 하되, 필기시험 없이 선발할 계획이다. 산업체 특별학부 학생들은 직장 생활과 학업을 병행할 수 있도록 수업을 평일 저녁과 주말에 운영하며, 복수 전공과 대학원 진학, 조기 졸업도 허용할 예정이다.

현재 중앙대학교는 다빈치 인재전

"제가 대학교에 입학할 줄은 꿈에도 몰랐어요. 회사에서 일하면서 대학교를 다닐 수 있는 길이 열려 정말 좋네요. 저를 도와주신 많은 분께 진심으로 감사드리며, 앞으로 세계 최고의 냉동기술자가 되도록 노력하겠습니다!"

형, 안성과 평택 지역 고교 졸업자를 대상으로 한 지역 인재 전형을 입학사정관 전형으로 모집한다. 입학사정관 전형에서는 학업 성적뿐만 아니라 여러 영역을 종체적으로 평가해 선발한다. 선발방식은 펜타곤형"인재 선발 방식으로 1단계 전형은 서류심사다. 학교생활기록부, 지원서, 자기소개서, 교사 추천서, 선택 제출 자료를 통해 다섯 가지 핵심 역량을 총체적으로 심사해서 모집단위의 3배수를 뽑는다. 2단계 전형은 개인별 심층면접으로 지원자 1인에 대하여 입학사정관 여러 명이 독립적으로 평가하며, 6단계로 진행되는 평가 절차를 구축해서 공정성을 확보하려고 한다.

정미향 학생은 전문계 고등학교 출신 지원자 대상 입학사정관 전형으로 숙명여자대학교 산업체 특별학부에 합격했다. 정미향 학생은 인천에 있는 상업 전문계 야간 고등학교 출신이다. 가정 형편이 너무 어려워 낮 동안 일을 해야 겨우 입에 풀칠할 정도였다. 아버지는 사업에 실패하고 쓰러지셔서 입원해 계시고, 어머니는 남의 집 일을 하며 아버지의 입원비를 벌었다. 정미향 학생이 버는 돈이 가족 생계비였다. 사정이 그러니 정미향 학생은 애초에 대학 진학을 꿈도 꾸지 않았다. 물론 다른 친구들처럼 놀고 싶고, 대학에 가서 공부하고 싶었지만 눈앞의 생계가 더 급했다.

정미향 학생은 고등학교를 졸업하자마자 인천에 있는 중소기업의 경리과에 취업했다. 그리고 일을 열심히 하면서 틈틈이 실무 관련 공부를 했다. 2년 만에 전산세무회계와 세무회계 1급 자격증을 취득했다. 사장님은 이런 정미향 학생을 기특해 하시며, 틈날 때마다 면담하며 격려해 주셨다. 정미향 학생에게 숙명여자대학교의 입학사정관 전형을 알려준 사람도 사장님이었다. 정미향 학생은 사장님의 추천을 받아 숙명여자대학교에 지원했고, 자기소개서에 중소기업이 국가경제에 매우 중요한 위치이나 인재가 턱없이 부족하다는 생각을 솔직히 썼다. 그리고 경영학 공부를 해서 중소기업에 필요한 인재를 길러내는 컨설팅을 하고 싶다는 포부를 밝혔다. 숙명여자대학교 입학사정관들은 꿈을 이루기 위해 노력하는 정미향 학생을 자신들이 원하는 인재상과 맞아 떨어진다고 판단해 입학을 허가했다.

## 숙명여자대학교 입학사정관제

숙명여자대학교가 실시하는 입학사정관 전형은 지역핵심인재전형, 자기추천자전형(인문소양우수자, 특정역량우수자, 리더십우수자), 글로벌리더십전형(글로벌 서비스 학부), 섬김사랑, 농어촌학생전형, 전문계고교 출신자전형와 정시 가군의 글로벌서비스학부 등이다.

지역핵심인재전형은 숙명여자대학교와 지역이 함께 우수한 인재를 발굴해 지역사회와 국가, 세계화에 기여할 여성 리더를 양성하는 전형이다. 각 고등학교에서 학생 1명을 추천하고, 기초자치단체에서 교육계 인사 등으로 구성된 추천위원회가 심사해 1명을 추천해 숙명여자대학교 입학사정관이 심사하고 평가해서 최종 결정한다. 선발된 학생은 지역별 멘토 교수 배정, 기숙사 우선 배정, 맞춤형 리더십 교육 등 다양한 혜택을 받는다.

자기추천자전형은 서류심사에서 고등학교 생활의 성실도와 수학 능력, 교과 및 비교과의 연관성, 이수 교과와 지원 전공과의 연관성, 성장과정에서의 경험과 활동을 본다.

인문소양우수자부문전형은 1단계 서류심사와 2단계 논술심사로 이뤄진다. 그리고 새로 도입된 논술에 대비할 수 있도록 고등학생을 대상으로 모의논술과 강평회를 실시한다.

별첨

# 자기관리를 도와주는 통조림

〈별첨1〉
존 고다드의 127가지 인생 실천계획

〈별첨2〉
AP를 볼 수 있는 기관 소개와 과목

〈별첨3〉
서울대학교 증빙서류 목록

〈별첨 4〉
서강대 알바트로스 국제화 특별전형
심층 면접 기출문제

〈별첨 5〉
서울대학교 모의 논술고사 예시 문제와 답안

〈별첨 6〉
- 연세대 자기소개서 양식
- 외국어대 자기소개서 양식
- 이대 자기소개서 양식

〈별첨 7〉
- 서울대 추천서 양식
- 연세대 추천서 양식

존 고다드의

# 127가지 인생 실천계획

## 탐험할 장소

1. 이집트의 나일강
2. 남미의 아마존강
3. 아프리카 중부의 콩고강
4. 미국 서부의 콜로라도강
5. 중국 양자강
6. 서아프리카 니제르강
7. 베네주엘라의 오니노코강
8. 니카라과의 리오코코강

## 원시 문화 답사

9. 중앙 아프리카의 콩고
10. 뉴기니 섬
11. 브라질
12. 인도네시아 보르네오 섬
13. 북아프리카 수단
(존 고다드는 이곳에서 모래 폭풍을 만나 산 채로 매장당할 뻔했음)
14. 호주 원주민들의 문화
15. 아프리카 케냐
16. 필리핀
17. 탕가니카(현재의 탄자니아)
18. 에티오피아
19. 서아프리카 나이지리아
20. 알라스카

## 등반할 산

21. 에베레스트 산(8,8848m)
22. 아르헨티나의 아콘카과 산(안데스 산맥 중의 최고봉)
23. 매킨리 봉(알라스카에 있는 북미 대륙 최고봉, 6,194m)
24. 페루의 후아스카란 봉
25. 킬리만자로 산(탄자니아에 있는 아프리카 최고봉)

26. 터키의 아라라트 산(노아의 방주가 닿은 곳이라고 알려진, 이란과 러시아 국경부근에 있는 화산)
27. 케냐 산(동아프리카에 있는 산)
28. 뉴질랜드의 쿠크 산
29. 멕시코의 포포카테페틀 산
30. 마터호른 산(알프스의 고산)
31. 라이너 산
32. 일본의 후지 산
33. 베수비오스 산(이탈리아 나폴리 만 동쪽의 활화산)
34. 자바 섬의 브로모 산
35. 그랜드 테튼 산
36. 캘리포니아의 볼디 마운틴

## 배워야 할 것들

37. 의료 활동과 탐험 분야에서 많은 경력을 쌓을 것(현재까지 원시 부족들 사이에 전해져 오는 다양한 치료 요법과 약품을 배웠음)
38. 나바호족과 호피족 인디언에 대해 배울 것
39. 비행기 조종술 배우기
40. 로즈 퍼레이드(캘리포니아에서 해마다 5월에 열리는 장미 축제 행렬)에서 말 타기 사진 촬영
41. 브라질 이과수 폭포
42. 로데시아의 빅토리아 폭포(이 과정에서 존 고다드는 아프리카 흑멧돼지에게 쫓김을 당했음)
43. 뉴질랜드의 서덜랜드 폭포
44. 미국 서부 요세미티 폭포
45. 나이아가라 폭포
46. 마르코 폴로와 알렉산더 대왕의 원정길 되짚어 가기

## 수중탐험

47. 미국 남부 플로리다의 산호 암초 지대
48. 호주의 그레이트 배리어 대암초 지대(이곳에서 존은 135kg의 대합조개 촬영에 성공했음)
49. 홍해
50. 피지 군도
51. 바하마 군도
52. 오케페노키 늪지대와 에버글레이즈(플로리다 주 남부 습지대)탐험

## 여행할 장소

53. 북극과 남극
54. 중국 만리장성
55. 파나마 운하와 수에즈 운하
56. 이스터 섬(거석문명의 섬)
57. 바티칸 시(이때 존 고다드는 교황을 만났음)
58. 갈라파고스 군도(태평양상의 적도 바로 아래의 화산섬)
59. 인도의 타지마할 묘
60. 피사의 사탑
61. 프랑스의 에펠탑
62. 블루 그로토
63. 런던 탑
64. 호주의 아이어 암벽 등반
65. 멕시코 치첸이차의 성스런 우물
66. 요르단 강을 따라 갈릴리 해에서 사해로 건너가기

## 수영해 볼 장소

67. 중미의 니카라과 호수
68. 빅토리아 호수(중부 아프리카에 있는 세계에서 두 번째로 큰 호수)
69. 슈피리어 호수(북미 오대호의 하나)
70. 탕카니카 호수(아프리카 중동부)
71. 남미의 티티카카 호수

## 해낼 일

72. 독수리 스카우트 단원 되기
73. 잠수함 타기
74. 항공모함에서 비행기를 조종해서 이착륙하기
75. 전 세계의 모든 국가들을 한 번씩 방문할 것(현재 30개 나라가 남았음)

76. 소형 비행선, 열기구, 글라이더 타기

77. 코끼리, 낙타, 타조, 야생말 타기

78. 4.5kg의 바닷가재와 25센티미터의 전복 채취하기

79. 스킨 다이빙으로 12미터 해저로 내려가서 2분 30초 동안 호흡을 참고 있기

80. 1분에 50자 타자하기

81. 플루트와 바이올린 연주

82. 낙하산 타고 뛰어 내리기

83. 스키와 수상 스키 배우기

84. 복음 전도 사업 참여

85. 탐험가 존 뮤어의 탐험 길을 따라 여행할 것

86. 원시 부족의 의약품을 공부해 유용한 것들 가져오기

87. 코끼리, 사자, 코뿔소, 케이프 버팔로(남아프리카 들소), 고래를 촬영할 것

88. 검도 배우기

89. 동양의 지압술 배우기

90. 대학교에서 강의하기

91. 해저 세계 탐험하기

92. 타잔 영화에 출연하기(이것은 이제 시대에 뒤떨어진 소년 시절의 꿈이 되었다)

93. 말, 침팬지, 치타, 오셀롯(표범 비슷한 시라소니), 코요테를 키워 볼 것(아직 침팬지와 치타가 남았음)

94. 발리 섬의 장례 의식 참관

95. 아마추어 햄 무선국의 회원이 될 것

96. 자기 소유의 천체 망원경 세우기

97. 저서 한 권 갖기(나일 강 여행에 관한 책을 출판했음)

98. 내셔널 지오그래픽 지에 기사 싣기

99. 몸무게 80킬로그램 유지(현재까지 잘 유지하고 있음)

100. 윗몸일으키기 200회, 턱걸이 20회 유지

101. 프랑스어, 스페인어, 그리고 아랍어를 배울 것

102. 코모도 섬에 가서 날아다니는 도마뱀의 생태를 연구할 것(섬에 접근하다가 20마일 해상에서 보트가 뒤집히는 바람에 실패했음)

103. 높이뛰기 1미터 50센티

104. 넓이뛰기 4미터 50센티

105. 1마일을 5분에 주파하기

106. 덴마크에 있는 소렌슨 외할아버지의 출생지 방문

107. 영국에 있는 고다드 할아버지의 출생지 방문

108. 선원 자격으로 화물선에 승선할 것

109. 브리태니커 백과사전 전권 읽기(현재까지 각 권의 대부분을 읽었음)

110. 성경을 앞장에서 뒷장까지 통독하기

111. 셰익스피어, 플라톤, 아리스토텔레스, 찰스 디킨스, 헨리 데이빗 소로우, 에드가 알렌 포우, 루소, 베이컨, 헤밍웨이, 마크 트웨인, 버로우즈, 조셉 콘라드, 탈메이지, 톨스토이, 롱펠로우, 존 키 이츠, 휘트먼, 에머슨 등의 작품 읽기(각 사람의 전작은 아니더라도)

112. 바하, 베토벤, 드뷔시, 이베르, 멘델스존, 랄로, 림스키코르사코프, 레스피기, 리스트, 라흐마 니노프, 스트라빈스키, 토흐, 차이코프스키, 베르디의 음악 작품들과 친숙해지기

113. 비행기, 오토바이, 트랙터, 윈드서핑, 권총, 엽총, 카누, 현미경, 축구, 농구, 활쏘기, 부메랑 등을 다루는 데 있어서 우수한 실력을 갖출 것

114. 음악 작곡

115. 피아노로 베토벤의 월광곡 연주

116. 불 위로 걷는 것 구경하기(발리 섬과 남미의 수리남에서 구경했음)

117. 독사에게서 독 빼내기(이 과정에서 사진을 찍다가 등에 마름모 무늬가 있는 뱀에게 물렸음)

118. 영화 스튜디오 구경

119. 폴로 경기하는 법 배우기

120. 22구경 권총으로 성냥불 켜기

121. 쿠푸(기제의 대 피라미드를 세운 이집트 제4왕조의 왕)의 피라미드 오르기

122. 탐험가 클럽과 모험가 클럽의 회원으로 가입

123. 걷거나 배를 타고 그랜드캐니언 일주

124. 배를 타고 지구를 일주할 것(현재까지 네 차례의 일주를 마쳤음)

125. 달 여행('신의 뜻이라면 언젠가는!')

126. 결혼해서 아이들을 가질 것(존 고다드는 현재까지 다섯 명의 자녀를 두었음)

127. 21세기에 살아볼 것(그때가 되면 존 고다드는 일흔 다섯 살이 될 것이다)

# AP를 볼 수 있는 기관 소개와 과목

## ● AP 시험 과목

1) 구 성 : 크게 객관식(Multiple-choice Questions)인 section I 과 주관식 (Free Response Questions)인 section II 로 나뉜다.

2) 점 수 : 5점(extremely well qualified), 4점(well qualified), 3점(Qualified), 2점(possibly qualified), 1점(no recommendation)으로 나뉜다.

3) 소 요 시 간 : 과목마다 차이가 있지만 대략적으로 2시간 30분에서 3시간 정도 소요된다.

4) 문 제 형 식 : 시험은 과목마다 문항 수, 유형이 조금씩 다르다. 모든 AP시험은 주관식 문제와 에세이 형식, 혹은 문제해결 형식의 주관식 문제로 구성된다. 또한, AP미술과목의 경우, 학생들에게 작품 포트폴리오가 요구되기도 한다.

5) 일 정 : 5월 첫째 주와 둘째 주에 시험이 끝난 후, 6월 중에는 주관식과 포트폴리오의 채점이 대학교수들과 AP 프로그램교사들로 이루어진 채점단에 의해 진행된다. 주관식 채점은 미리 구성된 채점 항목과 학생의 답안을 비교하여 이루어지며, AP시험의 결과는 7월 중 학생 및 학생이 속한 고등학교, 그리고 학생이 지원한 대학교에 통보된다.

● 과목명 시험시간

Art History

Biology

Calculus AB

Calculus BC

Chemistry

Chinese Language and Culture

Computer Science A

Computer Science AB

Economics-Macroeconomics

English Language and Composition

Environmental Science

French Language

French Literature

German Language

Government and Politics- Comparative

Government and Politics- United States

History-European

History- United States

History-World

Human Geography

Italian Language and Culture

Japanese Language and Culture

Latin Literature

Latin : Vergil

Music Theory

Physics B

Physics C

Physics C : Electricity and Magnetism

Psychology

Spanish Language

Spanish Literature

Statistics

Studio Art Drawing, Studio Art 2-D Design,

Studio Art 3-D Design

## ● AP 시험을 보아야 하는 시기

12학년 가을학기에 마감되는 원서에 AP성적을 제출하기 위해서는 11학년이 끝나는 5월에 AP 시험을 보아야 한다. 11학년 이전의 학생도 준비가 되어 있다면 미리 과목별로 AP시험에 응시할 수 있으며, 학교에서 제공하는 AP과목을 듣지 않았어도 본인이 원하는 과목의 시험을 치를 수 있는 자격은 주어진다.

※ 5월 실시되는 AP시험을 치르려면 늦어도 3월 1일 이전에 신청해야 한다.

## ● AP 시험 등록 방법

국내에서 AP시험에 등록하는 방법은 두 가지가 있다.

첫 번째는 한미교육위원단을 통해서 등록하는 것이고, 두 번째는 국내의 지정된

AP센터에서 제공하는 시험에 응시하는 것이다. 특정 학교에서 제공하는 시험에 응시할 경우, 그 학교 재학생만을 대상으로 하는 경우도 있기 때문에 AP 서비스 센터 (888-225-5427 or apexams@info.collegeboard.org) 혹은 해당 학교에 연락을 해서 시험을 치를 수 있는 적당한 학교를 조사해야 한다.

▶ 일 정 : 매년 5월 첫째 주와 둘째 주에 걸쳐 시행
▶ 접 수 마 감 : 시험일로부터 5주 전
▶ 접 수 방 법 : 방문 및 우편등록

1) 응시료

① 한미교육 위원단 : 각 시험당 – 180,000원(변경될 수 있음)
② colleage board : 각 시험당 – $86(변경될 수 있음)

2) 방문등록

① 한 미 교 육 위 원 단 : 작성된 AP시험 신청서와 시험비용을 한미교육위원단에 직접 방문하여 제출(국내의 타 시험장에 시험등록이 동시에 되어 있지 않은 응시자만 등록 가능)
② AP 시험 개설 학교 : AP 시험 제공학교에 문의 후 신청(타 학교생의 경우, 해당 시험일에 공석이 있을 경우에만 신청 가능)

3) 우편등록

작성된 AP시험 신청서와 우편환을 등기로 한미교육위원단에 제출
(우편등록 시 영수증을 발급하지 않으므로 등기 영수증을 잘 간직하시기 바랍니다.)

AP시험신청서 다운로드

(링크http://www.fulbright.or.kr/kr/testing/ap.pdf)

## ● AP 시험장소

1) 한미교육위원단

**한미교육위원단 주소 :** (121-874) 서울시 마포구 염리동 168-15번지 풀브라이트 빌딩

**문의 :** 02-3275-4007

도보 : 5, 6호선 공덕역 1번 출구에서 신촌방향으로 직진 → 좌측 건강보험공단 건물 옆 건물

**차량 :** 공덕오거리에서 여의도방향으로 한마음병원 → 한마음병원에서 우회전 → 건강보험공단과 DHL 건물 사이길 진입 → 우측 한미교육위원단 (주차시설 없음)

2) AP 시험 개설 학교

① 민족사관 고등학교

② 대원외국어 고등학교

③ 한국외대부속외국어 고등학교

④ 한국과학 영재학교(부산영재학교)

⑤ KIS(한국외국인학교)

⑥ SIS(서울국제학교)

## ● 시험 등록 취소

1) 등록 취소

**〉〉 등록 취소방법**

① Ap 센터에서 취소에 관련된 공지 제공

② 공지 확인 후 AP 코디네이터에서 취소 신청

③ AP 센터에서 환불에 관련된 공지 제공

④ 신청서 작성 후, 환불 요청

1) 성적 확인 및 취소

① 성적 확인 : 성적은 7월 중으로 인터넷이나 전화로 확인 가능.

② 리포팅 : 성적 확인 후, 지원할 학교에 성적을 리포팅 하는 데 드는 비용은 소요되는 기간에 따라 달라진다. 추가 리포팅의 경우 기간은 1주일 정도 소요되고, rush리포팅의 경우, 2일정도가 소요된다고 한다.

## ● AP 서비스센터

P.O. Box 6671

Princeton, NJ 08541-6671

Phone: (609) 771-7300 or (888) 225-5427 (toll-free in the U.S. and Canada)

## ● 리포팅 비용

Grade Reporting Services

Initial Grade Report(기본리포팅) Free

Grades by Phone(전화리포팅) $8 per call

Additional Grade Reports(추가리포팅) $15 per report

Rush Grade Reports(러쉬리포팅) $25 per report

Free-Response Booklets

(본인이 작성한 서술형 정답지) $7 per booklet

Multiple-Choice Rescore Service(재채점) $25 per exam

Grade Withholding(점수 보유) $10 per grade/per college

Grade Cancellation(점수 취소) None

## ● 시험결과가 대학에 통보되는 시기

AP 시험결과는 학생이 명시한 희망대학 측에 늦어도 7월 중순까지 통보된다. 만일 9월 1일까지 시험결과가 도착하지 않으면 AP 서비스센터에 문의해야 한다.

## ● 준비물

① 공인 신분증 : 운전면허증, 유효한 여권, 주민등록증 등 (학생증은 공인 신분증이 아님)

② 연필, 볼펜, 지우개

③ 계산기 (Calculus AB, Calculus BC, Chemistry, Physics, or Statistics Exam시 사용이 가능)

④ 학교코드

# 서울대학교 증빙서류 목록

증빙서류 목록 관련 유의사항 (제출시 포함하지 않습니다).

1. 학교생활기록부에 기재되지 않은 내용은 반드시 증빙서류를 첨부하십시오.
   ※ 증빙서류가 없는 내용 또는 고등학교 입학 이전의 내용은 평가에서 제외됩니다.
2. 학교생활기록부에 기재되어 있는 내용에 대해서는 별도의 증빙서류를 제출하지 않습니다. 단, 연구활동, 작품출판 등은 학교생활기록부에 내용이 기재된 경우에도 해당 원본을 제출하십시오.
3. 증빙서류 사본은 발급기관의 원본 대조필이 있어야 인정됩니다. 부득이한 경우 고등학교의 학교장에게 원본 대조필을 받습니다.(전형기간 중 또는 합격 후 원본 확인을 요청할 수 있음)
4. 문서형태가 아닌 증빙서류(예: 비디오테이프 등)는 평가되지 않으니 제출하지 마십시오.
5. 증빙서류 목록에 서류의 내용 등을 기입하십시오.
6. 증빙서류는 A4 용지 크기의 사본으로 하고, 증빙서류 목록의 연번 순으로 묶어서 제출하십시오.

작성 예

| 연번 | 증빙서류 내용 | 발급기관명 |
|---|---|---|
| 1 | ○○지역 고등학교 연합 ♤♤동아리 회장 | ♤♤동아리 협회장 |
| 2 | 봉사활동 확인서 | △△ 사회복지관 등 |
| 3 | TEPS ○○○점 | 서울대학교 언어교육원 |

※ 제출 서류를 위조하거나 허위로 작성할 경우에는 불합격 처리되며, 합격 이후에도 합격 또는 입학허가가 취소됩니다.

서강대 알바트로스 국제화 특별전형

# 심층면접 기출문제

### 인문사회계열 공통

The intelligent recommendation system is a technique for finding products and services (e.g., books, music, movies) that fit into the preferences of a particular person by using the judgments of a peer group. The beginning point is analyzing the history of people's preferences. Then, the distance function determines similarity or dissimilarity based on overlap of preferences – people who like the same thing are close and people who do not like the same thing are far away. Finally, ratings are weighted by distances, so that the ratings of closer neighbors count more for the recommendation. The intelligent recommendation system automates the process of using word-of-mouth
to decide whether you will like something. Knowing that a lot of people liked something is not enough; who liked it or not is also important

The recommendation of a close friend whose past recommendations have been right on target may be enough to get you to go to see a new movie even if it is a genre you generally do not like. On the other hand, an enthusiastic recommendation from a friend who is a far-away neighbor (a) might serve to warn you off a movie you might otherwise have gone to see. Suppose we want to know whether Tom will like the movie Star Wars or not based on the ratings given by Susan and Bob who are considered his nearest neighbors. On a scale from 0 to 100 points, Susan rated the movie 73 points and Bob rated the movie 52 points. If, by factoring in the distances from Tom to Susan and Bob, we estimate that Tom is likely to rate the movie 65 points, we can conclude that Tom will like Star Wars.

1. Explain the meaning of "nearest neighbor."

2. Explain why (a) would happen.

3. What could be the benefits to individual customers and corporations from the intelligent recommendation system?

## 서울대학교 모의 논술고사 예시 문제와 답안

〈제시문〉

(가)

미국의 건국 초창기 토마스 제퍼슨은 주민들이 그들의 문제를 주민회의 (town meeting)에서 결정할 수 있는 직접 민주주의를 희망했지만, 자신의 생각을 포기해야만 했다. 그는 거리상의 문제와 제한된 의사소통이라는 두 가지 문제점 때문에 시민들의 의사결정을 대신할 대표를 선택하는 방법을 택할 수밖에 없었다. 만약 오늘날에 토마스 제퍼슨이 살아 있다면 그는 인터넷을 보고 좋아했을 것이다. 왜냐하면 주민회의와 직접적인 주민 참여를 기초로 한 민주주의의 이상향이 최근 현실화되어 가고 있기 때문이다. 앞으로 인터넷을 통한 광범위하면서도 통제받지 않는 쌍방향의 대화가 현실 정치의 중심이 될 것이다. 수많은 정보가 제공됨으로써 어떤 조직이나 기관도 더 이상 정보의 자유로운 흐름을 차단하거나 의견 형성을 통제하지 못할 것이다. 이렇게 자신의 의사를 자유롭고 평등하게 표현할 수 있는 분위기 속에서 여론 지도자들이 도처에 생겨날 것이다. 이런 정보·통신 기술의 놀랄 만한 발달은 사실상의 직접 민주주의를 가능하게 할 것이다.

(출처 : Dick Morris, 『인터넷과 직접민주주의 그리고 쌍방향 대화』)

(나)

현대 사회에서 정보 · 통신 기술의 발달은 가상공간이라는 새로운 세계를 우리에게 가져다주었다. 컴퓨터가 만들어 낸 가상공간에서는 물리적 제한이 없으므로 누구나 남자가 여자로 바뀔 수 있으며, 어른이 아이 행세를 할 수도 있다. 이와 같은 가상공간 속의 자유로움은 개인의 정신적 자세, 생활 태도, 행동 양식을 형성하는 데 영향을 줄 수 있다. 가상 공간에서는 어느 정도 자유와 평등이 보장되므로, 각자가 자신의 개성을 자유롭게 표현할 수 있으며, 그로 인하여 자신의 역할 및 자아에 대해 깊게 인식할 수 있다. 가상공간에서의 자유로운 자기표현은 지적 · 감성적 개방성을 높이고, 포용력 있는 성향을 가지는 데에도 도움을 줄 수 있다. 또한 가상공간에 참여하는 사람들은 다양한 형태로 그들만의 사회나 단체를 구성할 수 있으며, 그 범위는 지구 반대편의 친구들까지 포함할 수 있을 정도로 넓다. 이런 가상 공동체에서의 상호 교류를 통해 우리는 분석력과 판단력 등의 능력과 함께, 남의 것을 평가하고 비평하며 타인과 협조하는 등의 태도를 기를 수 있다.

(출처 : 고등학교 『도덕』교과서)

(다)

민주 정치는 시민의 참여 없이는 실현되기 어렵다. 왜냐하면 민주 정치의 이상은, 국민 스스로가 국가 권력의 주체가 되어 공공 정책 결정에 자신의 의사를 반영하고 그 집행과정을 감시 · 통제함으로써 자유와 권리를 확보하려는 것이기 때문이다. 이런 점에서 정보 · 통신 기술의 발달은 민주주의의 발전에 크게 기여할 것으로 기대된다. 정보 · 통신 기술의 발달로 인해 개인 간의 연결망이 활성화되고, '지식 근로자' 와 같은 새롭고 다양한 중간 계층이 형성될 것으로 기대된다. 또한 정보 · 통신 기술의 발달은 생산성과 효율을 높일 것이고, 그로 인해 생긴 경제적 이익이 누구에게나 폭넓게 돌아가 빈부 격차가 완화될 것으로 전망된다. 한편 발달된 정보 · 통신 기술은 수평적인 사회 조직을 만들고, 정보에 대한 접근성을 증가시켜 권력 차이를 감소시킬 수 있을 것이다. 결국 이런 모든 변화는 권력을 시민 사회에 분산시킬 것이다. 그리고 이러한 변화가 주민 자치를 활성화시키고 다양한 정치 참여의 기회를 열어주므로, 대의 민주주의의 위기가 극복되고 직접 민주주의의 이상에 가까운 새로운 민주주의가 실현될 것으로 전망된다.

(출처 : 고등학교 『사회문화』교과서)

논제 1. 위의 세 제시문이 공통적으로 주장하는 바를 요약하시오. (200자 이내)

논제 2. 각 제시문의 핵심적 주장에 대한 반론을 제시하시오. (600자 이내)

논제 3. 위의 논의를 토대로 정보화 시대의 이상적인 민주주의를 구상해 보고 이를 실현하기 위한 구체적인 방안을 기술하시오. (800자 이내)

### 평가항목 및 평가기준

| 구분 | 평가내용 및 기준 |
| --- | --- |
| 지시사항 불이행 | · 필기구 종류 및 색깔 위반(두 종류 이상의 필기구 사용)<br>· 응시자의 신원노출 |
| 이해 · 분석력 | · 논제에 대한 이해 · 분석 능력<br>· 제시문에 대한 이해 · 분석 능력<br>· 답안이 논제에 충실한 정도<br>· 제시문을 적절히 활용한 정도 |
| 논증력 | · 근거 설정 능력<br>– 주장에 대한 적절하고 분명한 논거 제시<br>– 주장과 논거의 논리적 타당성<br>– 논제에 대한 분명한 자기 의견 표현<br>– 자기 의견과 제시문의 연관성<br>· 구성 조직 능력<br>– 전체 논의 전개의 정합성 및 일관성 유지<br>– 전체 논의 전개에 있어 논리적 비약 여부<br>– 글의 전체적인 흐름이 체계적이고 조직적으로 전개 |
| 창의력 | · 심층적인 논의 전개<br>– 주장이나 논거에 대해 스스로 가능한 반론 제기<br>– 논의에서 더 나아간 함축이나 귀결들에 대해 고려<br>– 논의가 전개되고 있는 맥락이나 배경 상황에 대한 적절한 고려<br>– 묵시적인 가정이나 생략된 전제에 대한 고찰<br>· 다각적인 논의 전개<br>– 발상이나 관점의 전환을 시도<br>– 가능한 대안들에 대한 고려<br>– 여러 이질적 개념들의 종합<br>– 암묵적으로 가정된 전제에 대한 비판적 고찰<br>· 독창적인 논의 전개<br>– 주장이나 논거에 새로움<br>– 문제를 통찰함에 있어 특이함<br>– 관점이나 논의 지평에 참신함 |
| 표현력 | · 표현의 적절성<br>– 문장표현의 매끄럽고 자연스러움, 적절한 비유<br>– 단락구성 및 어휘의 적절성<br>– 맞춤법 등의 어법, 원고지 사용법 준수 |

## ● 문항 설명

- 논제는 정보화 사회에서의 이상적인 민주주의와 그 실현 가능성에 대해 모색
- 고등학교 도덕과 사회문화 교과서의 해당 부분을 제시문 (나)와 (다)로 선택하였고, 직접 민주주의의 가능성을 긍정하는 딕 모리스의 『인터넷과 직접민주주의 그리고 쌍방향 대화』에서 일부분을 제시문 (가)로 활용
- 교과서가 다루는 익숙한 주제에 대한 이해의 폭과 비판적 사고력을 측정

## ● 총평

주어진 제시문에 대한 정확한 이해를 바탕으로 이상적인 민주주의를 실현하기 위한 구체적인 방안을 제시해야 하는 문항이다. 학생들은 대개 제시문의 내용은 잘 이해하여 논제 1과 2에서 요구하는 답안을 작성하였다.

하지만 논제 3에 이르러서는 이상적인 민주주의의 개념에 혼선을 일으켜 이를 실현하기 위한 구체적인 방안을 기술하는 데 어려움을 겪었다. 특히 다수의 학생들이 제시문의 내용과 관계없는 주장을 하거나 교과서의 내용을 그대로 기술하고 있다. 학생들의 사고 영역이 교과서의 틀 안에 갇힌 것은 아닌지 우려스럽다.

논제 2에서 제시문의 주장에 대하여 창조적인 반론을 제기하거나, 논제 3에서 구체적인 근거를 가지고 주장을 펼친 답안은 그리 많지 않았다. 교과서라는 익숙한 제시문을 선택한 것은 교과서의 내용을 얼마나 암기하고 있는지 보려는 것이 아니라, 교과서의 내용에 대해 평소에 얼마나 다각적이고 깊이 있는 생각을 하고 있었는지를 보기 위함이다.

## ● 잘된 학생 답안

〈논제 1〉

세 제시문 모두 공통적으로 정보통신, 특히 인터넷의 발달은 민주화에 기여할 것이라고 보고 있다. 제시문 (가)는 표현이 더 자유로워짐에 따라 여론형성과 참여가 보다 적극적인 양상을 띠게 될 것이라고 예상한다. 제시문 (나)는 가상공간 속에서 활동하며 민주시민으로서의 자질이 학습될 수 있다고 보면 제시문 (다)는 인터넷이 보다 수평적인 사회를 만들어줄 것이라고 본다.

〈논제 2〉

제시문 (가)는 인터넷이 보다 적극적인 여론을 형성할 수 있게 해 주며 참여를 통한 직접적 민주주의를 가능하게 한다고 본다. 그러나 이는 인터넷을 사용하는 사람들에 국한된 이야기다. 낙후된 지역에 살거나 컴퓨터를 사용하지 않는 사람들에게 있어 인터넷을 통한 직접적인 참여는 더욱 힘들기 때문이다. 또한 제시문 (나)와 같이 가상공간에서의 활동을 통해 진정한 자아를 표출하는 긍정적인 현상 역시 한 일면에 불과하다. 실제로 자아를 잃고 가상공간 속에서의 모습을 자신의 진정한 모습이라 믿으며 현실도피적인 경향을 보이는 사람들이 다수를 차지하고 있다. 또한 익명성으로 인하여 가상공간에서 민주시민으로서의 태도를 지닌 사람도 찾아보기 힘들다. 특히 악플러들은 최근에도 주목받는 인터넷의 무법자들이다. 이들에게서 진정한 민주주의의 실현을 기대하기는 어렵다. 제시문 (다)는 인터넷에서의 자유와 평등이 수평적인 사회 조직을 만들고 권력을 분산시킬 것이라고 예상한다. 그러나 실제로는 현재의 권력자들이 보다 많은 정보에 대한 접근이 가능하며 이를 통해 더욱 많은 권력을 손에 넣게 된다. 즉, 현재의 정보의 접근에 대한 불평등이 빈부격차를 더욱 심화시킬 수도 있다는 것이다.

〈논제 3〉

민주주의 사회란 말 그대로 국민이 주인인 사회이다. 여기서 주인이란 적극적인 의미에서의 주인이다. 그렇기에 이상적인 민주주의 사회는 자유롭고 평등한 분위기 속에서 누구나 의견이 표현 가능한 사회에서 그치는 것이 아니라 더 나아가 적극적으로 표현하는 사회이다. 이를 가능하게 할 하나의 도구로서 인터넷이 주목받고 있다.

인터넷의 가장 큰 특징 중 하나는 익명성에 있다. 이는 단순히 상대의 이름을 모른다는 것이 아니라 상대와 직접적인 대면을 하지 않는다는 것까지 포함한다. 그렇기에 보다 자유로운 의사 표현이 가능한 것이다. 또한 물리적인 한계가 없기 때문에 컴퓨터만 있다면 누구나 정보에 접근할 수 있으며 여론의 장에서 자신의 의견을 표현하는 것이 가능하다.

그러나 실제로 컴퓨터를 사용하는 것은 주로 젊은 세대이며 대도시를 중심으로 인터넷 사용자들이 분포하고 있다. 즉, 인터넷을 통한 민주주의를 실현하기 위해서는 모든 사회 구성원들이 인터넷을 사용한다는 전제를 충족시켜야 한다. 또한 급격한 발달과 확산으로 인터넷의 올바른 사용법에 대한 의식 역시 뒤처지고 있다. 무한한 가상 공간 속에서 특히 젊은 세대들은 악플과 비방에 익숙해지고 있는 것이 현실이다.

그렇기에 인터넷 확산과 보다 넓은 사용층의 확보를 위한 제도적인 장치가 필요하다. 실제로 독일에서는 각종 복지시설에서 노인들을 위한 컴퓨터 교실을 운영하고 있다. 또한 의식의 개선 역시 시급한 문제로서 인터넷 실명제의 도입도 재고해 보아야 할 것이다.

● 채점평

이 답안은 제시문의 주장을 비교적 잘 정리하고 있으며, 자신의 생각을 몇 가지 측면으로 구분하여 제시하였다. 답안의 구조나 순서도 지시 사항에 충실하다. 각 제시문이 주장하는 자유롭고 평등한 여론 형성(가), 지적 · 감성적 개방성과 포용력 형성(나), 시민사회로의 권력 분산(다) 등을 비교적 정확하게 이해하고 있으며 각 제시문의 핵심적 주장을 먼저 제시한 후, 이를 빠짐없이 반박하고 있다. 특히 논제 3에서 자신이 그리는 '이상적 민주주의 상'을 제시문에 기초하여 기술하고 있으며, 또한 이를 위한 방안을 타인을 배려할 줄 아는 품성, 정보의 신뢰성 차원, 정보의 접근성 차원으로 구분하였다는 점도 돋보인다. 그러나 각 제시문의 주장을 간결하게 갈무리하지 못하고 있는 단점도 있다.

● 잘못된 학생 답안

〈논제 1〉

정보화 사회가 도래함에 따라 정보 통신 기술이 급속히 발전하게 되면서 인간들의 삶에 많은 변화를 야기시켰다. 그 중 하나가 인간들이 과거의 공동체적 삶에서 탈피해 자기 자신을 표현하는 것을 중요시하게 되었다. 제시문 (가)처럼 자신의 의견이 정책에 반영되는 것을 요구하기도 하고 (나)처럼 가상에서 자기 자신을 아바타로 표현하는 것을 예로 들 수 있다.

〈논제 2〉

제시문 (가)에서는 인터넷의 발달이 국가와 국민이 쌍방으로 대화할 수 있는 수단으로 직접 민주주의 실현을 가능하게 하고 있다. 하지만 현재와 같이 정치적으로 무관심한 사람들을 배제한 것이다. 지금도 선거일이 되면 선거장보다는 유원지나 백화점 같은 곳에 오히려 사람들이 몰리고 있다. 전자민주주의가 실행된다 하더라도 이러한 현상은 더욱 심해질 것이다.

제시문 (나)에서 정보 통신 기술의 발달이 자유로운 자아표현과 사회적 관계의 확대를 가져왔다고 하였다. 하지만 자아표현이 자유로워지면서 오히려 자아정체성을 상실하게 되고 현실과 가상을 구분하지 못하게 된다. 그리고 사회적 관계가 확대됨에 따라 진정한 인간관계의 형성이 사라지게 되어 인간애의 상실과 같은 결과를 초래할 수도 있다.

제시문 (다)에서 정보 통신기술의 발달이 빈부격차를 완화시켜 수평적 사회구조를 이룰 수 있다고 하였다. 하지만 현재에도 정보격차가 발생해서 새로운 빈부격차를 형성하고 있다. 즉, 정보에 대한 접근성의 차이로 권력을 잡게 되느냐 소외되느냐 하는 차이가 발생하는 것이다. 이러한 현상은 오히려 수직적인 사회조직을 만들게 하는 것이다.

〈논제 3〉

이상적 민주주의란 그 사회를 구성하고 있는 사회 구성원들이 적극적으로 정치에 참여하여 자신의 의견을 자유롭게 주장할 수 있는 분위기를 형성하는 것이다. 또 주의할 점은 사회 구성원 모두에게 공정한 발언의 기회가 주어져야 한다는 점이다. 즉, 재산의 많고 적음이나 정보의 접근성 차이에 의해서 기회를 제한해서는 안 된다는 것이다.

이러한 민주주의가 실행되기 위해서는 먼저 사회 구성원들의 정치적 관심을 유도해야 한다는 것이다. 현재와 같이 선거일에 선거장보다 유원지나 백화점에 사람이 몰리는 것이 지속되어서는 안 되는 것이다. 이러한 문제를 해결하기 위해서 국가에서는 정치 참여자에게 복지혜택과 같은 사회적 혜택을 정치에 참여하지 않는 사람들보다 더 누릴 수 있게 하는 방안을 실시해야 한다.

두 번째로는 사회 구성원들이 의견을 자유롭게 펼칠 수 있는 열림의 장이 형성되어야 한다. 현재에는 정치적 파벌 같은 것이 성립되어 있어서 의견을 내세우는 데 다소 무리가 있다. 따라서 이상적 민주주의를 실현시키기 위해서는 정치적 파벌이나 대립구도의 형성을 제한시키고 주위 환경에 구애받지 않고 의견을 내세울 수 있도록 해야 한다. 위와 같은 환경이 조성된다면 현재보다는 더욱 발전되고 성숙된 민주주의를 실현할 수 있을 것이다.

● 채점평

이 답안은 각 제시문의 내용을 거의 활용하지 못하고 있다. 그래서 제시문의 주장에 근거하여 논증하지 못하고 있다. 논거도 불분명하거나 극히 상식적이다. 또한 자신의 생각을 명확하게 표현하지 못하고 있으며, 문장 역시 주술 관계가 불분명한 비문이 많다.

| 수험번호 | |
|---|---|

# 자 기 소 개 서

■ 지원자 기재사항

| 성 명 | | 주민등록번호 | - |
|---|---|---|---|
| 고등학교 | (시/도) | (시/군/구) | 고등학교 |
| 연 락 처 | 전화번호 : | 휴대전화번호 : | |
| 전 형 | 연세 인재육성프로그램 전형 | | |
| 지원 모집단위 | | | |

2009년 월 일

지원자 ______________ 자필 서명 혹은 날인

연세대학교 총장 귀하

〈자기소개서 작성 시 유의사항〉

1. 자기소개서는 평가 요소로서 중요한 자료이므로 반드시 본인이 작성하여야 하며, 사실에 입각하여 정직하게 자신의 능력이나 특성, 경험 등을 기술하십시오.
2. 청색, 흑색 필기구(연필 제외)를 사용하여 자필로 작성하거나, 워드프로세서로 작성하십시오.
3. 반드시 본 서식을 사용하여 작성하십시오.
(서식은 우리대학 홈페이지에서 내려 받거나 복사하여 사용할 수 있습니다.)
4. 분량은 정해진 서식(2매)을 초과하지 않아야 하며, 워드프로세서를 사용할 경우 폰트 크기를 '10' 으로 작성하십시오.
5. 본 서식의 1,2,3,4번 문항을 모두 작성하십시오.
6. 자기소개서를 작성한 후 입학원서와 함께 일괄 제출하십시오.
7. 표지와 본문이 분리되지 않도록 좌측 상단을 묶어 주십시오.
8. 자기소개서는 입학 전형 및 입학 후 학생 지도 자료로 활용되며, 비공개 문서로 관리될 것입니다.

| 지원자성명 | | 수험번호 | |
|---|---|---|---|

| 1. 남들보다 뛰어나다고 생각하는 자신의 장점(특성 혹은 능력)과 보완 · 발전시켜야 할 단점(특성 혹은 능력)에 대하여 기술하십시오(자신의 장점을 발휘할 수 있었던 사례와, 단점을 극복하기 위해 기울인 노력이 있다면 구체적으로 설명하십시오). |
|---|
| |

| 2. 고등학교 재학 기간 중 학업 이외의 활동 영역(사회봉사 활동, 교내 · 외 클럽 활동, 단체 활동, 취미 활동, 문화 활동)에서 가장 소중했던 경험을 소개하고, 이러한 경험이 자신의 성장에 어떤 도움을 주었는지 기술하십시오. |
|---|
| |

| 지원자성명 | | 수험번호 | |
|---|---|---|---|

3. 아래 주제 중 하나를 선택하여 □안에 ∨표를 한 후, 그 주제에 맞게 자유롭게 기술하십시오.

□ 자신의 삶에 영향을 미친 가장 중요한 사건이나 경험을 설명하고, 그것이 자신의 가치관 혹은 인생관에 어떠한 영향을 주었는지를 기술하십시오.

□ 고등학생 시절 자신이 겪었던 가장 큰 위기 혹은 좌절 상황을 설명하고, 그 상황을 극복하기 위한 과정에서의 자신의 감정과 노력을 기술하십시오.

□ 고등학생 시절 자신이 가장 관심을 기울였던 사회 문제가 무엇인지 설명하고, 그 문제의 해결을 위해 자신이 앞으로 기여할 수 있는 방법은 무엇이라고 생각하는지를 구체적으로 기술하십시오.

4. 아래 주제 중 하나를 선택하여 □안에 ∨표를 한 후, 그 주제에 맞게 자유롭게 기술하십시오.

□ 가장 감명 깊게 읽은 책(1~3권)에 대하여 감명 받은 개인적인 이유를 요점적으로 기술하십시오.

□ 자신이 가장 소중하게 생각하는 고등학생 시절의 지적 성취 경험에 대해서 설명하십시오. 다만, 시험 성적이나 석차 등을 나열하기보다는 자신의 창의적인 학습 활동 내용 및 과정 등을 중심으로 기술하십시오.

□ 전공 선택에 영향을 미친 중요한 경험(인물, 사건, 서적 등)을 구체적으로 기술하십시오.

2009학년도 수시 2학기 신입학 모집 – 리더십 전형

# 자기소개 및 학업계획서

♣ 자기소개 및 학업계획서 작성에 관한 유의사항

1. 자기소개 및 학업계획서 작성은 인터넷 원서 접수 사이트(uway.com 혹은 applybank.jinhak.com)에서만 가능합니다.
2. 자기소개 및 학업계획서 작성은 인터넷 원서 접수와 동시에 가능하며 원서 접수 이후에도 수정이 가능합니다. 단, 원서 접수 마감은 2008년 9월 12일(금) 17:00까지, 자기소개서 수정 마감은 2008년 9월 16일(화) 15:00까지입니다.
3. 본 자기소개 및 학업계획서는 리더십 전형의 다면평가 자료로 활용되므로 사실에 입각하여 본인이 직접 작성하여야 합니다.
4. 본 자기소개 및 학업계획서 작성시 절대 본인의 신분이 노출될만한 단서인 성명, 소속 학교명 등을 명시해서는 안됩니다. 위반시 평가에서 불이익을 받습니다.
5. 자기소개 및 학업계획서에 포함된 교내?외 활동이나 실적은 고등학교 입학 이후의 사실만을 기재하며, 이전 기록은 평가 대상에서 제외합니다.
6. 본 자기소개 및 학업계획서는 별도 출력해서 제출하지 않습니다.

본인은 상기 유의사항을 숙지하였습니다. ☑

♣ 자기소개 및 학업계획서 작성에 관한 서약서

1. 본인은 상기 유의사항에 따라 사실에 입각하여 본인이 직접 자기소개 및 학업계획서를 작성하겠습니다.
2. 본인은 귀교가 자기소개 및 학업계획서상의 내용을 확인하고자 추가로 입증 자료 제출을 요구할 때에 적극 협조하겠습니다.
3. 본인의 자기소개 및 학업계획서가 허위 기재, 대리인 작성 등 기타 부정한 방법으로 작성했던 것이 확인될 경우, 불합격, 합격 취소 또는 입학한 후라도 입학을 취소하는 등의 귀교의 불이익 조치를 감수하겠습니다.

본인은 상기 사항에 대하여 확인하였고, 이에 서약합니다. ☑

한국외국어대학교 총장 귀하

1. 우리 대학교 리더십전형에 지원한 동기와 학업계획을 작성하시오.

(띄어쓰기 포함 최대 700자 이내)

2. 지원한 모집단위에 입학하기 위하여 어떠한 노력을 했는지 성장과정이나 교내·외 활동을 중심으로 작성하시오. 특히 학생임원, 국가유공자자녀, 소년소녀가장 및 아동보호시설출신자 등 해당 자격에 속하는 내용을 포함하여 기술하기 바랍니다.

(띄어쓰기 포함 최대 700자 이내)

3. 나의 삶에 영향을 미친 일련의 사건, 독서 등은 무엇이고, 그 이후 바뀐 나의 인생관 혹은 가치관에 대해 설명하시오.

(띄어쓰기 포함 최대 700자 이내)

## ● 이화여대 자기소개서 양식

이화여자대학교 2009학년도 수시2학기모집

# 자 기 소 개 서

(특수재능 우수자 전형(지원자격 '나') 지원자용)

■ 지원자 인적사항

| 성 명 | | 주민등록번호 | - | |
|---|---|---|---|---|
| 재학/출신 고등학교 | 년 | 월 | (시/도) | 고등학교졸업(예정) |
| 연 락 처 | 전화번호 : | 휴대전화 : | | |
| 지 원 모 집 단 위 | 이화여자대학교 | 대학 | 학부(학과) | |

■ 지원자 확인 서약

본인은 2009학년도 귀 대학교 특수재능 우수자 전형(지원자격 '나')의 자기소개서 목록 작성시, 사실만을 기재하였으며. 본인의 기재사항이 사실과 다른 것으로 확인될 경우 입학한 후라도 합격 또는 입학 취소, 향후 입학지원 불허 등의 불이익을 감수할 것을 서약합니다.

2009년 9월 일

지원자 자필서명 ____________________

■ 자기소개서 작성시 유의사항

1. 지원자가 가지고 있는 특수재능에 대해서 성장환경, 교내 · 외 활동, 지원동기, 학업계획, 향후 진로 등의 관점에서 종합적으로 기술하여 주십시오.
2. 지원자의 특수재능과 지원 모집단위가 반드시 연계성을 가질 필요는 없으나, 만약 연계성이 있다고 판단하는 경우 이를 간략하게 설명하여 주십시오.
3. 대회수상 · 특정분야 활동 실적 목록에 포함되지 않은 추가 사항이 있는 경우 자기소개서에 포함하여 설명하여 주십시오.
4. 학생부 기재여부와 상관없이 자기소개서에 설명한 대회수상 · 특정분야 활동 실적에 대한 증빙서류를 인터넷 접수 후 자기소개서와 함께 등기우편으로 우송해 주십시오.
5. 워드프로세서로 작성하는 것을 원칙으로 하며, 글자크기 10, 줄간격 150%을 기준으로 띄어쓰기 포함 하여 전체 2,500자(A4 용지 2매) 이내의 분량으로 작성합니다.
6. 자기소개서를 제출시 오른쪽 하단에 수험번호를 기재하여 주십시오.

| 수험번호 | |
|---|---|

■ 자기소개서

| 지 원 자 성 명 | | 주 민 등 록 번 호 | - |
|---|---|---|---|
| 1. 지원자가 보유한 특수재능에 대해서 소개하여 주십시오. | | | |
| 2. 성장환경, 고교시절 교내 · 외 활동, 지원동기 | | | |
| 3. 학업계획 및 향후 진로 | | | |
| ㅁ 지원분야와 연계성(해당자에 한함) | | | |

| 수험번호 | |
|---|---|

## 서울대학교 추천서 양식의 주요내용

# 추 천 서

**추천인의 자격**

원칙적으로 소속 고등학교 선생님 또는 교장선생님이 작성하며, 선생님 또는 교장선생님의 추천을 받기 어려운 경우, 지원자를 오랜 기간(6개월 이상)동안 지켜보신 분이 작성해 주시기 바랍니다(단, 우리 대학교 교직원, 학원강사 및 학원장, 과외 지도교사, 본인, 가족, 친척, 친구 제외).
추천인으로는 지원자에 대해 책임감을 가지고 지원자의 품성, 학업 능력, 장단점, 가정환경, 열정과 포부 등을 구체적으로 기술할 수 있어야 하며, 우리 대학교가 추천서의 내용 확인을 요청할 경우 협조해 주실 수 있는 분이어야 합니다.

**지원자 사항**

성　　명 : ______________ 주민등록번호 : ________ – ________
재학/출신고등학교 : ________ (시/도) ________ (시 · 군 · 구) ________ 고 등 학 교
(검 정 고 시 :　　년　　월　　지구합격)

---

전 형 구 분 : 지역균형선발전형 □　　특기자전형 □
지 원 모 집 단 위 : 서울대학교 ________ 대학 ________ 계열/학부/과/과군 ________ 전공

**추천인 사항**

성　　명 : ________ 주민등록번호 : ________ – ________ 휴대전화 : ________
소속기관 : ________ 주 소 : ________________ 전화 : ________
직　　위 : ________ 이메일 : ________________ FAX : ________

1. 본인은 이 추천서를 사실에 입각하여 직접 작성하였음
2. 본인은 이 추천서 내용의 전부 또는 일부를 지원자와 제3자에게 공개하지 아니하였고, 향후 어떠한 경우에도 공개하지 아니할 것임
3. 본인은 귀교가 이 추천서와 관련하여 내용 확인을 요청할 경우 협조할 것임
4. 본인은 이 추천서에 고의적인 허위 사실 기재, 대리작성, 기타 부적절한 사실이 발견되는 경우 등 추천인 확인 서약 내용 중 어느 하나라도 위약할 경우에는 향후 귀교가 시행하는 입학전형에서 추천인의 자격을 제한받는 등의 불이익을 감수할 것임

위의 사항에 대해 확인 서약합니다.

2009년　　월　　일

추천인 성명　　　　　　서명 또는 인

**서울대학교 총장 귀하**

▶ 지원자와의 교류기간과 교류내용을 적어 주십시오.

지원자와의 교류기간 : 년 개월 ( 년 월 ~ 년 월 )

지원자와의 관계 및 교류내용 :

▶ 지원자의 재학/출신고등학교 유형에 ∨표하여 주십시오.

| | | | |
|---|---|---|---|
| ☐ 일반계고등학교(평준화 지역) | ☐ 특수목적고등학교 | ☐ 전문계고등학교 | ☐ 예 · 체능계고등학교 |
| ☐ 일반계고등학교(비평준화 지역) | ☐ 자립형사립고등학교 | ☐ 국제고등학교 | ☐ 종합고등학교 |
| ☐ 고등학교 졸업 학력검정고시 합격자 | ☐ 외국소재고등학교 | ☐ 기타 | |

▶ 지원자의 재학/출신 고등학교의 특징적인 교육방침 또는 교육과정 등을 기술하여 주십시오(고등학교 재학 경험이 없거나 중퇴한 경우 지원자의 학업과정 또는 추천동기 등을 기술하셔도 됩니다).

1. 지원자의 학습태도, 학습능력과 잠재력, 지원모집단위 관련 특기능력, 관심, 열정 등에 관하여 기술하여 주십시오.

2. 교내외 활동에서 나타난 지원자의 개인적 특성(봉사성, 공동체의식, 리더십 등)을 중심으로 지원자가 우리 대학교와 사회에 어떻게 기여할 수 있을지를 기술하여 주십시오.
(지원자의 봉사활동이 20시간 미만이거나 사고결석이 11일 이상인 경우에는 반드시 그 사유를 추가해 주십시오.)

3. 지원자의 가정환경(성장과정, 생활여건 등), 학교 및 지역환경 등과 관련하여 평가시 고려할 만한 사항이 있는 경우, 그 내용을 구체적으로 기술하여 주십시오.
(가정환경이 어려워 장학금이 필요한 경우, 그 사유를 구체적으로 기술하여 주십시오.)

# 각종 양식

◇ 추천서 관련 유의사항

■ 지원자 유의사항

- 추천자는 담임교사가 아니어도 무방하며 자신을 가장 잘 알고 있다고 생각하는 한 분에게만 받아야 합니다.

■ 추천서 작성자 유의사항

1. 추천서는 한글 양식과 영문 양식 중 하나를 선택하여 작성해야 하며, 본 서식은 연세대학교 입학처 홈페이지(http://admission.yonsei.ac.kr)에서 내려 받거나 복사하여 사용하실 수 있습니다.
2. 청색, 흑색 필기구(연필 제외)를 사용하여 자필로 작성하거나, 워드프로세서로 작성하십시오.
3. 워드프로세서를 사용해 작성할 경우 폰트 크기는 '10' 으로 작성하십시오.
4. 추천서 작성자는 지원자 기재 사항을 확인하신 후, 본 추천서의 내용을 지원자가 볼 수 없도록 각별히 유의하시고, 추천서 겉장의 추천서 작성자 기재 사항에 확인 서명하여 주시기 바랍니다.
5. 본 추천서는 입학 전형 평가 요소로서 중요한 자료이므로 추상적인 언어나 미사여구 등의 서술을  지양하고 객관적 사실에 근거하여 공정하게 작성하여 주시기 바랍니다.
6. 척도형 평가 항목 작성 시 지원자에 대한 정보가 부족하여 평가가 불가능할 경우에는 평가불가능 ㅁ란에 ∨표를 기입하여 주시기 바랍니다.
7. 작성된 추천서는 봉투에 넣고 밀봉한 후 추천서에 사용된 자필 서명 혹은 날인으로 봉인하여 주십시오.
8. 추천서는 추천인이 직접 제출하거나 등기우편 또는 택배로 보내 주셔야 합니다.
9. 표지와 본문이 분리되지 않도록 좌측 상단을 묶어 주십시오.
10. 원서 접수 기간 이전에 영문 추천서를 발송해야 할 경우, 수험번호 기입란에 지원자의 주민등록번호를 기입해 주십시오.
11. 추천서는 기본적으로 2장(1장은 추천서 표지, 1장은 추천내용)을 작성해야 하며, 추가하실 내용이 있는 경우 별지(자유양식)를 작성하여 첨부하십시오.
12. 제출 이전에 지원자 및 추천인 인적사항이 정확하게 기재되어 있는지 확인하시기 바랍니다.

※ 추천서를 추천인이 직접 발송하지 않고 지원자에게 동봉시켜 추천내용이 지원자에게 알려지는 문제는 추천인의 책임이므로 추천인이 직접 발송하시거나 제출하시기 바랍니다.